HELMUT REINHARDT

Ist Gott auch in Schwierigkeiten?

Tagebuch einer Pilgerreise auf dem Jakobsweg

Herstellung und Verlag:
Books on Demand GmbH
Norderstedt

FOTOS
Helmut Reinhardt

LEKTORAT
Marina Göckeler

GESTALTUNG UND SATZ
Lilianna Kusmierska, info@medium8.com

COVERBILDER
Puente Regina © Helmut Reinhardt
Jakobsmuschel © Stefan Thiermayer - Fotolia.com

HERSTELLUNG UND VERLAG
Books on Demand GmbH, Norderstedt

Das Titelbild zeigt die Puente Regina,
die „Brücke der Königin" in Puente la Reina.

Das Bild auf der dritten Seite zeigt eine Statue
des heiligen Rochus als Pilger am Poio-Pass.

April 2008
ISBN: 978-3-8370-2819-5

COPYRIGHT
by Helmut Reinhardt

BIBLIOGRAFISCHE INFORMATION DER DEUTSCHEN BIBLIOTHEK

Die Deutsche Bibliothek verzeichnet diese Publikation in der Deutschen Nationalbiografie; detaillierte bibliografische Daten sind im
Internet über http://www.d-nb.de abrufbar.

*Für Caroline, Jule, Justus
und meine große Liebe Jolanta.*

ANREISE

Montag, 7. Mai 2007

Ich muss lernen, mehr Vertrauen zu haben

Warum tue ich mir das an? Diese Frage habe ich mir während meiner Reise auf dem Jakobsweg oft gestellt. Viele Menschen vermuten, dass Pilger, die die Strapazen eines 800 Kilometer langen Weges auf sich nehmen, grundsätzlich sehr religiös sind. Egal, ob sie zu Fuß gehen, auf einem Pferd reiten oder das Fahrrad benutzen - diese drei Fortbewegungsarten sind auf dem Jakobsweg erlaubt, um am Ende der Wallfahrt die *compostela* zu erhalten. Diese Urkunde bescheinigt den Besuch der Kathedrale von Santiago de Compostela und ist damit ein Nachweis für die erfolgreiche Wallfahrt der Jakobuspilger, die auch *peregrinos* genannt werden.

Meistens wird vermutet, dass irgendeine religiöse Kraft oder ein tiefer Glaube sie antreibt. So erging es auch mir. Wenn ich im Vorfeld meiner Reise erzählt habe, dass ich nach Santiago de Compostela pilgern werde, wechselten sich Bewunderung und Erstaunen ab. Ich wusste gar nicht, dass du so religiös bist, sagte ein Freund zu mir, um dann nachzufragen, ob denn auch Nicht-Katholiken diesen Weg gehen dürften. Natürlich kann jeder Mensch diesen Weg gehen, und in der Zeit von April bis September kommen täglich hunderte Pilger in der heiligen Stadt an.

Doch was bedeutet es eigentlich, wenn man sagt, man sei religiös? Vielleicht möchte ich mich gar nicht als religiös bezeichnen, sondern mehr als einen Suchenden, der etwas anderes finden möchte, als das, was die traditionelle Kirche lehrt.

Ich glaube, man kann die Menschen grundsätzlich in vier Gruppen einteilen. Da gibt es einmal die religiösen Traditionalisten. Sie finden die Antworten zu ihren Fragen in den verschiedenen Kirchen - egal, welcher Religion sie angehören. Religiöse Rituale sind ein fester Bestandteil ihres Alltags, und manche Menschen dieser Gruppe driften sogar ab in den religiösen Fundamentalismus, den man nicht nur bei Muslimen, sondern auch bei Christen, vor allem in den USA, findet.

Dann gibt es die, die höchstens einmal im Jahr zu Weihnachten in die Kirche gehen, aber ansonsten mit dem lieben Gott nicht viel an der Mütze haben. Diese Menschen interessiert vor allem ihre finanzielle Lage und die eigene Zufriedenheit. Zufriedenheit wird bei diesen Menschen meist ausgelöst durch beruflichen Erfolg, familiäre und freundschaftliche Beziehungen und Freizeitaktivitäten, Urlaub und Konsum. Für diese Menschen besteht der Sinn des Lebens darin, zu versuchen, für sich das Beste herauszuholen.

Und dann gibt es noch die kreativen Gläubigen. Sie gehören zwar einer bestimmten Glaubensgemeinschaft an, doch trotzdem haben sie keine Probleme, die Lehren, Überzeugungen und Anregungen anderer Weltreligionen, wie z.B. dem Buddhismus, anzunehmen. Diese Menschen grenzen sich in ihren Meinungen und Überzeugungen von den Traditionalisten ab und vertreten ihre eigene Auffassung, auch wenn diese nicht mit der kirchlichen Lehrmeinung übereinstimmt.

Ich glaube, ich gehöre zur vierten Gruppe, den spirituellen Sinnsuchenden. Zwar bin ich Mitglied der evangelischen Kirche, doch trotzdem interessiert mich alles

Spirituelle. Ich möchte auf dem Jakobsweg meine innere Mitte finden und für mich erkennen, ob es wirklich so etwas wie einen Gott gibt. Und wenn ja, wer oder was ist Gott? An ein Wesen mit Rauschebart, das irgendwo im Himmel - wo auch immer das sein mag - mitfühlend und gnädig auf uns Menschen herabschaut, kann ich nicht glauben. Aber trotzdem bin ich mir sicher, dass es weit mehr gibt, als wir wahrnehmen können. Deswegen lese ich auch so gerne die Bücher des Physikers Stephen Hawking, der sagt, dass unsere Welt ohne die Annahme von zusätzlichen, für uns noch nicht nachweisbaren Dimensionen, unerklärbar sei.

Nun gut, jetzt geht es los mit meiner Sinnsuche auf dem Jakobsweg. Schon viel hatte ich über den *camino* gehört. Und vor wenigen Wochen bekam ich dieses Buch von Hape Kerkeling in die Finger. Wie viele Millionen Deutsche habe auch ich es verschlungen, und es ist schon merkwürdig, dass es erst zwei Wochen her ist, dass ich es gelesen habe. Gerade habe ich den Zug bestiegen und mich von meinen Lieben mit dem Titel des Buches verabschiedet: „Ich bin dann mal weg!", ein literarisches Zitat, das mittlerweile in Deutschland zu einem geflügelten Wort geworden ist.

Zwei Wochen bin ich jetzt während meiner Pilgerreise auf mich allein gestellt. 800 Kilometer auf dem Jakobsweg. Nicht zu Fuß wie die meisten Jakobspilger, sondern mit dem Mountainbike von St. Jean-Pied-de-Port in den französischen Pyrenäen bis nach Santiago de Compostela im Nordwesten Spaniens. Das Fahrrad habe ich als Fortbewegungsmittel gewählt, weil ich den „Camino Francés", der zwar durch viele kleine Dörfer, aber nur wenige Städte führt, von Anfang bis Ende fahren möchte. Ginge man zu Fuß, bräuchte ein untrainierter Wanderer für die gesamte

Der „camino" ist überall mit dem Zeichen der Jakobsmuschel gekennzeichnet

Die Altstadt von Pamplona

Strecke ungefähr sechs Wochen. Diese Zeit kann ich mir nicht nehmen, zum einen, weil ich selbstständiger Weinhändler bin, zum anderen, weil ich drei Kinder im Alter von vier Monaten bis elf Jahren habe, die ich wahrscheinlich mehr vermissen würde, als sie mich. Mit dem Mountainbike werde ich es in zwei Wochen schaffen können, vorausgesetzt, dass die 70 Kilometer, die ich pro Tag fahren muss, nicht doch zu viel für mich sind.

Ich will den Jakobsweg unbedingt ganz schaffen. Ich habe das Gefühl, dass der *camino* mich ruft und seit zwei Wochen freue ich mich nun schon auf meine Pilgerreise. Ich habe die ganze Zeit ein Kribbeln im Bauch und bin wirklich sehr gespannt, was mich auf dem Weg nach Santiago de Compostela alles erwartet. Neben meinem Reiseführer habe ich noch ein weiteres Buch über den Jakobsweg bei mir, das die berühmte Schauspielerin Shirley MacLaine geschrieben hat. Es wird sicher helfen, mir die Zeit auf der langen Zugfahrt zu vertreiben. Zwar hatte ich es zu Beginn meiner Reise gar nicht vor, aber wie Sie, geneigter Leser, feststellen können, war es auch mir ein wichtiges Bedürfnis, meine Pilgererlebnisse in einem Buch niederzuschreiben. Für die Zeit meiner Pilgerschaft nehme ich mir vor, über jeden Tag nachzudenken und zu überlegen, welches Fazit ich am Abend ziehen kann.

Der „Camino de Santiago" gehört neben den Wegen nach Rom und Jerusalem zu den drei großen Pilgerwegen der Christenheit. Seit dem Mittelalter begeben sich mittlerweile bis zu 100.000 Menschen pro Jahr zu Fuß, per Rad oder mit dem Pferd auf diesen Weg, welcher nach dem Apostel Jakobus benannt ist, einem der zwölf Jünger Jesu, dessen Gebeine der Legende nach in der heiligen Stadt Santiago de Compostela begraben liegen.

Ich bin sehr aufgeregt. Ich sitze im Zug und meine Pilgerreise hat tatsächlich begonnen. Meiner Frau hatte ich abends vom Jakobsweg erzählt und ganz nebenbei den Wunsch geäußert, den *camino* mal mit dem Fahrrad zu fahren. Die überraschende Antwort war: „Mach doch!" Gesagt, getan, und nun hat das Abenteuer begonnen. Was mich auf der Reise erwarten wird, weiß ich nicht. Gespannt bin ich auf das Fremde und besonders darauf, wie ich mit mir selbst zurecht kommen werde. Wann in meinem Leben war ich mal zwei Wochen allein? Man sagt, der Weg ist das Ziel - aber in Wahrheit bist Du selbst das Ziel.

Ich fühle mich, als hätte ich gestern den Film Titanic im Kino gesehen, um heute eine Atlantiküberquerung auf einem originalgetreu nachgebauten Schiff anzutreten. Wo ist der Eisberg?

Das Umsteigen in Paris vom Bahnhof Nord zum Bahnhof Austerlitz schafft mich völlig. Der Bahnhof Nord ist riesig, und der Eingang zur U-Bahn befindet sich dummerweise genau am anderen Ende des Gebäudes. Nur 45 Minuten habe ich Zeit, um mit meinem schweren, überaus unhandlichen Gepäck meinen Anschlusszug per Metro zu erreichen. Das Rad transportiere ich auseinandergebaut in einer großen, zusammenfaltbaren Radtasche, die kaum durch den schmalen Metroeingang passt. Dazu kommt noch mein Rucksack, mit dem ich ständig irgendwo anstoße.

Mit Glück erreiche ich den Bahnhof Austerlitz zehn Minuten vor Abfahrt meines Anschlusszuges. Im Zug erwartet mich die nächste Überraschung: Mein heißgeliebtes, teures Mountainbike passt unmöglich ins Schlafwagenabteil, in welchem es sich schon fünf Mitreisende bequem gemacht haben. Abstellen muß ich das Fahrrad in einem Extra-gepäckabteil, wo es als einziges Gepäckstück die Nacht allein verbringen muss. Kurz überlege ich, ob ich es doch mit ins Bett nehme, verwerfe den Gedanken aber, weil ich sonst Gefahr laufe, in eine Pariser Nervenheilanstalt ein-gewiesen zu werden. Überzeugt davon, dass mein teures Rad am nächsten Morgen nicht mehr da sein wird, begebe ich mich voller Misstrauen in mein Abteil und kämpfe mich ins Bett. Kaum geht das Licht aus, fängt schon einer meiner Mitreisenden fürchterlich an zu schnarchen. Zum Glück befindet sich in einer Netztasche neben meinem Bett ein Geschenkpäckchen der französischen Bahn mit Erfri-schungstüchern und Oropax. Kaum habe ich die Dinger im Ohr, wird alles ruhig und erschöpft schlafe ich ein. Um 6.30 Uhr wache ich auf. Das Abteil ist leer und als ich mich von den Oropax befreie, weiß ich warum: Mein Handywecker gibt einen völlig nervigen Klingelton von sich, der wohl meine Mitreisenden aus dem Abteil vertrieben hat. Auf dem Gang ernte ich deswegen vorwurfsvolle Blicke. Die erste Überraschung erwartet mich im Gepäckabteil: Hurra, mein Fahrrad ist noch da!

Pamplona – Puente la Reina – Estella

Dienstag, 8. Mai 2007

Hab Vertrauen ...
Wer klaut schon deinen ollen Sattel?

Um 12.30 Uhr treffe ich in Pamplona ein. Das Wetter ist perfekt, die Sonne scheint und es ist mit ungefähr 22° C angenehm warm. Ich begebe mich in einen kleinen Seitenweg, und ganz in Ruhe stecke ich mir erst einmal eine Zigarette an. Diese blöden Zigaretten! Vier Jahre habe ich nicht geraucht und vor zwei bis drei Wochen wieder mit diesem Laster angefangen. Warum nur? Ich weiß es nicht. In den vier Jahren ohne Zigaretten ging es mir richtig gut, und jetzt habe ich das Gefühl, ohne diese Sargnägel nicht mehr leben zu können. Der Suchtfaktor beim Rauchen ist enorm, und es aufzugeben ist genauso schwierig wie ein Glas Wasser zu verschmähen, wenn man großen Durst hat. Aber ich werde es mir wieder abgewöhnen – das nehme ich mir fest vor. Liebe Kinder, wenn ihr diese Zeilen lest, glaubt mir bitte und fangt niemals in eurem Leben mit dem Rauchen an!

Nachdem ich mit meinen zwei linken Händen das Fahrrad zusammengebaut habe, gibt es fürchterliche Geräusche von sich. Panisch rufe ich in Hagen den Fahrradhändler meines Vertrauens an und erhalte einen Crashkurs in Sachen Scheibenbremsen. Es dauert ungefähr zehn Minuten bis ich bemerke, dass gar nicht die Bremsen schleifen, sondern der verrutschte Gepäckträger am Hinterreifen schrabbt. Ein kurzer Ruck, und das Problem ist behoben.

Es geht los mit einer Fahrt durch die Altstadt Pamplonas, wo jedes Jahr die Stiere durch die Straßen getrieben werden, auf der Jagd nach weglaufenden lebensmüden Spaniern und Touristen. Ich schaue mir einige Sehenswürdigkeiten an, von denen mir das alte Rathaus aus dem 18. Jahrhundert am besten gefällt. Es handelt sich um ein Gebäude, dessen Fassade Säulen, Herkulesfiguren und verschiedene Wappen zieren. Sehr schön ist auch der Plaza del Castillo, der Hauptplatz Pamplonas, welcher von Arkaden und Straßencafés gesäumt wird. In einem Park komme ich mit zwei Pilgern ins Gespräch, die mir dringend abraten, nach St. Jean-Pied-de-Port zurückzufahren. Es habe seit Tagen in den Pyrenäen geregnet, die Wege seien teilweise nicht mehr passierbar, und sie berichten von schlimmsten Matschpassagen. Später erfahre ich, dass ein Pilger mit Armbruch in den Bergen gestorben ist und eine Pilgerin sich gleich am ersten Tag beide Beine gebrochen hat. Die Regel sagt, dass man entweder die letzten einhundert Kilometer zu Fuß oder die letzten zweihundert Kilometer mit Rad oder Pferd zurücklegen muss, um die Compostela, die offizielle Bestätigung der Pilgerreise, zu bekommen. Ich beschließe, meine Pilgerreise in Pamplona beginnen zu lassen und nicht in die Pyrenäen zurückzufahren.

Ich suche eine Kirche, um in meinem Pilgerausweis, der „Credencial del Peregrino", den Beginn meiner Reise mit einem Stempel dokumentieren zu lassen. Die *credencial* hatte ich schon in Deutschland von der Jakobusbruderschaft in Solingen erhalten. Es handelt sich um ein Klappheftchen, in dem es viele Felder gibt, die abgestempelt werden müssen. Irgendwo hatte ich gelesen, dass man die Stempel entweder in einer Kirche von einem Priester oder in den *refugios*, den Pilgerherbergen, bekommt. Aber alle Kirchen haben geschlossen, und so frage ich an einer Tankstelle, wo ich mich mit Wasser versorge, den Besitzer in einer Mischung aus Englisch und Spanisch, ob er wisse, wo ich einen Stempel bekommen könne. Irgendwas muss er falsch verstanden haben. Ich rufe noch „No, no, por favor!", aber schon drückt er seinen Tankstellenstempel in meinen Pilgerausweis. Um Gottes Willen, der erste Stempel in meiner *credencial* ist von einer Tankstelle! Wie peinlich! Wäre ich katholisch, würde ich wohl sofort exkommuniziert werden.

Immer noch geschockt fahre ich auf einer großen Ausfallstraße aus Pamplona hinaus in Richtung Estella. Es geht vorbei an der Privatuniversität des berühmt-berüchtigten Ordens Opus Dei, und in der Ferne sieht man schon die Sierra del Perdón, einen bewaldeten Bergzug mit riesigen, weißen Windrädern. Die breite Landstraße wird immer mehr zu einer Autobahn und irgendwann zweifele ich massiv daran, ob es überhaupt erlaubt ist, mit dem Fahrrad auf dieser teils dreispurigen Schnellstraße zu fahren. Also kehre ich um und fahre einen Kilometer zurück. Eine Passantin klärt mich auf, dass der Weg doch richtig sei und irgendwann eine kleine Straße zum „Camino de Santiago" führe. Die Dame hat Recht und schon bald befinde ich mich auf der durch die neue Schnellstraße völlig entlasteten, alten Nationalstraße. Der *camino* befindet sich unweit der Straße, und ich sehe die ersten Fußpilger, die fast ausnahmslos als Erkennungszeichen eine Jakobsmuschel an ihren Rucksäcken befestigt haben. So eine brauche ich unbedingt auch.

Gleich hinter Astráin beginnt der erste langgezogene Anstieg zum Perdón-Pass. Schon nach wenigen Kilometern bin ich völlig außer Puste und fix und fertig. Kein Wunder, im letzten Jahr habe ich gut zwölf Kilo zugelegt und bin als „Vorbereitung" auf den *camino* lediglich zwei Mal 25 Kilometer an der Lenne, einem kleinen Fluss, der durch meine Heimatstadt Hagen fließt, entlang geradelt. Ich wiege zu viel und bin völlig untrainiert. Das ist wahrscheinlich

Puente Regina in Puente la Reina

Astráin mit der romantischen Kirche Santos Cosme y Damián

der einzige Punkt, den ich mit Hape Kerkeling gemeinsam habe: Ich bin zu dick! Aber das ist wieder typisch für mich: Irgendein Komiker schreibt ein Buch und sofort muss ich aufbrechen, um mir das Leid selbst anzutun.

Irgendwann fange ich entnervt an, mein Fahrrad zu schieben und erreiche eine Stunde später den Pass. Ein letzter Blick auf die in der Ferne sichtbaren Pyrenäen und eine lange, rasante und erholsame Abfahrt setzt ein.

In Puente la Reina erwartet mich ein erster Höhepunkt meiner Reise: die berühmte sechsbögige, romanische Brücke Puente Regina, die „Brücke der Königin". An der Brücke bekomme ich in einem Tourismusbüro meinen zweiten Stempel. Mein Tankstellenstempel wird überraschenderweise gar nicht kommentiert. Das beruhigt mich dann doch ein bisschen. Vielleicht ist diese erste Stempelverfehlung ja gar nicht so schlimm. Nachdem ich mir auch eine Jakobsmuschel gekauft und diese stolz an meinem Rucksack befestigt habe, geht es weiter Richtung Estella.

Die Landschaft ist flach, und an einer Tankstelle mache ich nach 25 bis jetzt gefahrenen Kilometern eine Pause. Als ich mein Getränk an der Kasse bezahle, frage ich den Kassierer, wie weit es noch bis Estella sei. Er antwortet, dass ich noch einmal 20 Kilometer vor mir habe und wünscht mir eine gute Weiterfahrt. Weitere 20 Kilometer - oh Gott, ich kann doch jetzt schon nicht mehr. Die Zugfahrt steckt mir noch in den Knochen, ich bin müde und kann kaum noch treten. Aber was sein muss, muss sein. Ich steige auf mein Rad, beginne zu kurbeln und sofort fangen meine Beinmuskeln wieder an zu schmerzen. Nach vielleicht 5 Kilometern anstrengenden Fahrens geschieht auf einer flachen, langen Geraden plötzlich etwas Wundersames.

Ich höre auf zu treten, einfach weil ich nicht mehr kann, und trotzdem wird mein Rad immer schneller. Ich schaue nach hinten, doch die Straße scheint völlig eben zu sein. Trotzdem beschleunige ich ständig ohne zu treten. Das gibt es doch gar nicht! Mein Tacho klettert von 25 auf 35 km/h, und die Geschwindigkeit steigt bis auf 45 km/h an. Ich habe das Gefühl zu fliegen. Was geht denn hier vor? Habe ich Rückenwind? Wieviel Rückenwind ist nötig, um einen 100-Kilo-Mann auf 45 km/h zu beschleunigen? Das würde vielleicht ein Orkan schaffen, aber hier weht doch nur ein laues Lüftchen! Es ist unglaublich, aber ohne Kraftanstrengung fliege ich über die Straße. Mein Tacho sagt mir, dass ich noch zehn Kilometer bis Estella zurücklegen muss, doch nach einer Kurve sehe ich plötzlich schon das Ortseingangsschild des 13.000-Einwohner-Städtchens und freue mich wie verrückt, dass ich die erste Etappe geschafft habe. Aber was ist nur mit meinem Fahrradcomputer los? Ist das Ding kaputt? Das Display zeigt eine gefahrene Strecke von 35 Kilometern an, obwohl mein Radführer die Entfernung zwischen Pamplona und Estella mit 45 Kilometern angibt.

Sehr merkwürdig, zu Hause funktionierte der Tacho doch noch einwandfrei. Vor meiner Reise hatte ich in einem Fahrradfachgeschäft neue Batterien gekauft, und der Techniker hat nach dem Batteriewechsel die eingestellte Reifengröße kontrolliert, welche entscheidend ist für die Ermittlung der gefahrenen Kilometer. Merkwürdig, merkwürdig!

Einige Wochen nach meiner Reise auf dem Jakobsweg bekomme ich ein Buch von Bettina Selby geschenkt. Die Autorin ist eine erfahrene Weltenbummlerin, die bereits einige abenteuerliche Radreisen unternommen hat. Das

*Der „camino"
ist überall mit
dem Zeichen der
Jakobsmuschel
gekennzeichnet*

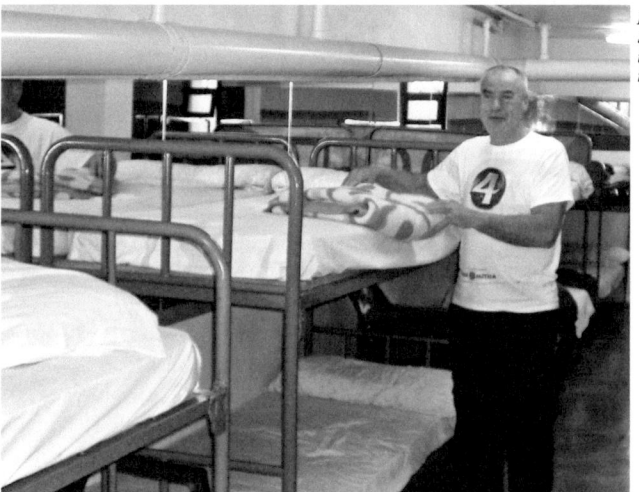

*Peter
Schwagereit
in der Albergue
in Estella*

23

Erstaunliche ist, dass sie mit ihrem Fahrrad auf dem Jakobsweg das Gleiche erlebte. Sie wurde einen Berg hinaufgeschoben und ist in ihrem Buch felsenfest davon überzeugt, dass der heilige Jakobus persönlich dafür verantwortlich war. Als ich Wochen später dieses Buch lese, muss ich noch einmal an diese eigenartige Kraft denken, die mich nach vorne gedrückt hat. Sie war zwar unheimlich, doch sie hatte nichts Bedrohliches. Es war die Hilfe einer mir unbekannten Macht. War es tatsächlich die Macht des heiligen Jakobus, von dem man sagt, dass er seine Pilger schützt und begleitet?

Die erste Pilgerherberge in Estella ist bereits voll belegt, aber in der zweiten habe ich Glück. Der Leiter dieses *refugios* ist Deutscher und nach einem Blick in meine *credencial* begrüßt er mich mit den Worten: „Ah, der Helmut aus Hagen."

Peter Schwagereit kommt aus Kiefern, und nach seinem *camino* ist er irgendwie in Spanien hängengeblieben und leitet nun diese Herberge. Er ist überaus nett und zeigt mir den Schlafraum. Es gibt über 100 Schlafplätze, die sich auf zwei Räume, in denen viele Doppelbetten stehen, verteilen. Obwohl es für die Herren nur eine Toilette, zwei Waschbecken und drei Duschen gibt, sieht alles überraschend sauber aus. Als ich jedoch das Bett aufschlage, erlebe ich den ersten Schock. Das Laken ist unangenehm feucht und übersät mit Flecken. Die Matratze ist völlig durchgelegen. Da ich nicht einschätzen kann, ob die klamme Feuchtigkeit des Lakens von meinem Vorgänger stammt oder es nicht ausreichend getrocknet wurde, greife ich zu meinem Schlafsack und breite ihn über dem Bett aus. Man will sich ja schließlich nichts holen. Mein Fahrrad stelle ich oben neben ungefähr zwölf anderen ab.

Mein Radführer rät dringend, den Sattel immer abzumontieren, doch als ich mich umschaue, sind alle Räder zwar angekettet, aber ein Sattel fehlt nirgends. Ich beschließe, Vertrauen zu haben und montiere meinen Sattel nicht ab. Oben im Gastraum stürze ich zwei große Biere mehr oder weniger auf ex hinunter. Obwohl ich sonst meistens Wein trinke, sind die beiden Biere jetzt genau das Richtige. Meine erste Mahlzeit ist ein überaus leckeres pollo bocadillo, ein mit Hähnchenfleisch belegtes Weißbrot. Nach einem kleinen Spaziergang und einer Dusche falle ich erschöpft, aber glücklich ins Bett. Die erste Etappe ist geschafft.

ESTELLA – LOGROÑO – NAVARETTE

Mittwoch, 9. Mai 2007

Estella

Villamayor de Monjardín

Los Arcos

Viana

Torres del Rio

Lorogño

Navarette

Befreie dich von unnötigem Ballast

Morgens um vier ist die Nacht zu Ende. Überall klingeln Wecker, es wird getuschelt, Rucksäcke werden gepackt und die Toilettenspülung geht ununterbrochen. Meine Oropax verhelfen mir dann aber doch noch zu zwei Stunden Schlaf. Um 7 Uhr stehe ich auf, und mir tut alles weh: Die Beine, das Popöchen, außerdem hat sich ein leichter Schmerz in meinem rechten Knie eingefunden. Die Tragegurte meines Rucksacks haben rote Striemen an den Schultern hinterlassen, die heftig brennen. Schon jetzt habe ich fast Angst davor, mich wieder auf mein Fahrrad zu setzen. Die Striemen und meinen Popo behandele ich mit Bepanthen und Ringelblütensalbe. Was dem Fußpilger seine Blasen an den Füßen sind, ist dem Radfahrer sein wunder Popo, und das, obwohl ich gestern zwei gepolsterte Radhosen übereinander angezogen hatte. Auf jeden Fall weiß ich jetzt, wie sich mein vier Monate alter Sohn Justus fühlt, wenn er wund ist.

Das Frühstück kann man nicht wirklich als solches bezeichnen. Es besteht aus drögen Keksen und etwas Marmelade, dafür aber auch aus sehr viel wirklich gutem café con leche. Das Fahrrad ist schnell bepackt und - wer hätte es anders erwartet - mein Sattel ist nicht Opfer eines Diebstahldeliktes geworden.

Ich breche auf in Richtung Logroño und fahre durch die schier endlos erscheinenden Weingärten der Navarra. Es geht vorbei an altbekannten Weingütern, die mich an meine Arbeit zu Hause erinnern. An der Bodega Irache kann ich sogar einen guten Tropfen aus der dortigen Weinquelle kosten, die extra für die Jakobspilger eingerichtet

Kathedrale Santa Maria La Redonda, Logroño

wurde. Wahlweise stehen zwei gute Tropfen zur Verkostung bereit, die man aus Hähnen der schmuckvoll verzierten Weintränke genießen kann. Einen kleinen Schluck gönne ich mir und werde nicht enttäuscht. Ich bin froh, allein unterwegs zu sein und nicht mit Freunden, denn sonst würde hier an der Quelle ganz sicher eine Party steigen, und an eine Weiterfahrt wäre nicht zu denken.

Nach zwanzig Kilometern geht gar nichts mehr. Die Sonne knallt bereits vom strahlend blauen Himmel, und ich bin klitschnass geschwitzt. Der Hintern brennt höllisch und in meinem rechten Knie spielt sich ein wahres Feuerinferno ab. Mein Rucksack ist mit zehn Kilo viel zu schwer, und auf dem Gepäckträger befinden sich Zelt, Isomatte und meine zusammenfaltbare Fahrradtasche. Ich mache eine Pause und beschließe, überflüssiges Gewicht loszuwerden. Mein nagelneues, für Notfälle gedachtes Ein-Mann-Billigzelt und die Isomatte hinterlege ich einfach an einem Kreuz am Wegesrand. Vielleicht werden diese beiden Campingutensilien einem anderen Pilger bei einem Gewitter gute Dienste leisten. Ansonsten kann ich kaum etwas entbehren. Das Einzige, was ich noch in die nächste Mülltonne werfe, ist mein Wet-Haargel, extra strong, was immerhin auch zweihundert Gramm wiegt. Kein Platz für Eitelkeiten auf dem *camino*. Die Gewichtsreduzierung von etwa fünf Kilo macht sich deutlich bemerkbar und so geht es viel leichter voran. Hinter Torres del Rio geht es nach einer Kirche auf einem pitoresken Feldweg steil der Rioja entgegen. So langsam verlasse ich die Navarra und mittags treffe ich in Logroño ein, der Hauptstadt der Rioja. An der wunderschönen Kathedrale lege ich eine Mittagspause ein und nehme auf dem Hauptplatz meine erste richtige Mahlzeit zu mir. Zum ersten Mal bekomme ich Kontakt zu einem anderen Radpilger. Es handelt sich um einen etwa 25 Jahre alten, gut aussehenden Brasilianer, der ebenfalls mit einem Mountainbike unterwegs ist. Er fragt mich nach dem Weg zu einer Pilgerherberge, und es stellt sich heraus, dass er ebenfalls körperlich angeschlagen ist. Mir gibt das Trost, denn nun habe ich nicht mehr das Gefühl, der einzige untrainierte Pilger auf dem Jakobsweg zu sein.

Nach der Mittagspause fängt mein rechtes Knie immer mehr an zu schmerzen. Es ist wirklich unmenschlich, und ich quäle mich nur noch die Hügel hinauf. Weit komme ich heute nicht mehr, und so beschließe ich, in Navarette ein Zimmer zu suchen. In der schicken *albergue* lerne ich Pino kennen. Er arbeitet als Entwicklungsingenieur bei Ford in Köln, und wir unternehmen zusammen einen Spaziergang durch das Dorf. Wir betrachten die traditionellen, wappenverzierten Herrenhäuser und besuchen die hübsche Pfarrkirche Asunción an der Plaza de la Iglesia mit ihrem ausladenden, barocken Altaraufsatz. Nach dem Besuch der Kirche gehen wir zusammen essen. Pino hilft mir mit seinen Spanischkenntnissen, in einer *pharmacia* eine passende Salbe für mein Knie zu finden.

Wir gehen wieder zurück in unser *refugio*. Der Hausherr ist sehr freundlich und als er erfährt, dass ich Weinhändler bin, kredenzt er mir sofort einige seiner hausgemachten Tropfen. Eigentlich wollte ich heute keinen Alkohol trinken, doch die Weine sind von so hoher Qualität, dass ich nicht nein sagen kann. Sichtlich stolz nimmt der Herbergsvater meine Komplimente hinsichtlich der Qualität seiner Weine entgegen, und wir fachsimpeln fast zwei

Stunden lang über Wein, während wir auf einer kleinen Holzbank inmitten dieses altertümlichen Ortes vor seiner Herberge sitzen.

Wir kommen auf religiöse Themen zu sprechen und er sagt, dass ich auf dem Jakobsweg Gott nur dann finden werde, wenn ich tief in mir selbst nach ihm suche. Wenn du Gott in dir gefunden hast, wirst du ihn auch in der Welt sehen und ihn nie mehr verlieren. Doch er wird ganz anders sein, als du ihn dir vorstellen kannst, und du wirst ihn finden, wenn du am wenigsten damit rechnest.

Für meine Knieschmerzen empfiehlt er mir, sie zuzulassen, sie nicht als etwas Böses zu begreifen, denn wenn ich diese Schmerzen bewusst wahrnehme und als Teil meiner Reise akzeptiere, würden sie auch wieder verschwinden. Mit den Worten „Eine Salbe hilft nicht, nur dein Geist." verabschiedet er sich von mir.

Vor dem Schlafengehen erfahre ich von anderen Pilgern, dass jeder sein Zipperlein zu tragen hat, und nach dem Anlegen eines Knieverbandes gehe ich mit Schmerzen schlafen. Die Salbe habe ich - trotz der Worte des Herbergsvater - aufgetragen.

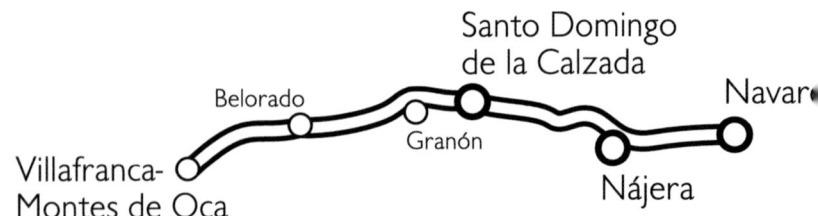

Die Nummer mit dem Universum funktioniert!

Heute sind meine Knieschmerzen trotz der Salbe noch viel schlimmer als gestern. Ich hangele mich die Treppen zum Frühstücksraum hinunter und kann das rechte Knie kaum bewegen. Im Frühstücksraum selbst geht es sehr heiter und lustig zu, und ich habe das Gefühl, Teil einer großen Pilgerfamilie zu sein.

Nachdem ich meine gewaschenen Sachen von der Leine geholt habe, packe ich zusammen und mache mein Rad startklar. Das Treten der Pedale ist weniger schlimm als das Laufen, und ich versuche die Ratschläge des Herbergsvaters zu beherzigen. Bei wunderbarem Wetter geht es los in Richtung Nájera.

Nájera hat eine schöne Altstadt am Rande schroffer Felswände und überall sieht man Storchennester. Es macht Spaß, diese großen weiß-schwarzen Vögel beim Gleiten, Landen und Klappern in den riesigen Nestern zu beobachten. Vor dem Kloster komme ich mit einem bayerischen Fußpilger ins Gespräch, der mich fragt, ob ich allein unterwegs sei. Ich bejahe und er erzählt mir, dass er einen anderen deutschen Radpilger namens Victor getroffen habe, der in meinem Alter sei. „Du wirst ihn kennenlernen", weissagt er, und wir verabschieden uns mit dem Gruß der Pilger „Buen camino!". Komisch, dieser letzte Satz klang wie eine Prophezeiung. Der Weg ist so lang, es gibt so viele Schlafmöglichkeiten und hunderte Pilger sind unterwegs. Hat jemand mit dem Rad nur eine Stunde Vorsprung, ist es äußerst unwahrscheinlich ihn zu treffen.

Das Kloster von Nájera

Die Kirche von San Juan de Ortega im Sonnenlicht

In Santo Domingo de la Calzada mache ich Mittagspause und schaue mir ausgiebig die Sehenswürdigkeiten dieses stimmungsvollen Städtchens an. Im dortigen Gotteshaus bin ich gespannt auf den Hühnerstall mit leibhaftigem Federvieh. Damit bleibt die Legende lebendig, welche an einen unschuldig erhängten Pilger erinnert, der auf wundersame Weise am Leben blieb. „Das gebratene Huhn auf meinem Teller soll krähen, wenn der Busche noch lebte!", rief der Richter aus, der sich gerade zu einem opulenten Mahl niedergelassen hatte. Und das Federvieh begann zu krähen...

Ich fahre weiter und meine Knieschmerzen werden unerträglich. Die Salbe hat rein gar nichts genützt. Die Ratschläge des Herbergsvaters versuche ich zwar anzuwenden, doch ich merke, dass ich innerlich an seinen Worten zweifle. Ich erinnere mich an eine Passage im Buch von Hape Kerkeling, in dem er beschreibt, man müsse nur das Universum um Hilfe bitten und der jeweilige Wunsch würde erfüllt. Auch meine Schwägerin Gabi berichtete mir vor einigen Monaten, dass sie das Universum schon erfolgreich bei der Parkplatzsuche angebettelt habe. Obwohl ich auch das für groben Unfug halte, stoppe ich am Wegesrand, setze mich ins Gras und fange mit geschlossenen Augen an, das Universum anzuflehen, mich endlich von meinen Knieschmerzen zu befreien - und zwar für den ganzen Weg! Nach einer Weile fahre ich weiter in Richtung Villafranca und verliere mich in meinen Gedanken. Nach etwa fünfzehn Minuten widme ich meine Aufmerksamkeit wieder meinem Knie und es ist mehr als verwunderlich, aber ich fühle keine Schmerzen mehr. Es ist phantastisch, die Knieschmerzen sind wie weggeblasen. Fröhlich erheitert, radele ich weiter, und meine Radtour beginnt mir langsam Spaß zu machen. Irgendwann entdecke ich am Horizont einen anderen Radpilger, und mein Ehrgeiz verlangt, ihn einzuholen. Also gebe ich richtig Gas und verausgabe mich. Ich hole ihn erst ein, als er an einer Straße stoppen muß, weil eine laut blökende Schafherde über den *camino* getrieben wird.

Nachdem die Schafherde vorbeigezogen ist, lasse ich den fremden Radpilger hinter mir, und da ich schneller fahre als er, wird der Abstand zwischen uns schnell größer. An einer Weggabelung übersehe ich einen Wegweiser und fahre geradeaus weiter, statt nach rechts. Aufmerksam werde ich auf meinen Fehler, als ich den Radpilger am Horizont in eine ganz andere Richtung fahren sehe. Sofort kehre ich um und bin sauer, mich verfahren zu haben. In einem kleinen Ort hole ich ihn wieder ein und als wir beide an einer großen Nationalstraße stoppen müssen, bedanke ich mich bei ihm, denn wenn er nicht gewesen wäre, würde ich wahrscheinlich immer noch in eine ganz falsche Richtung radeln. Wir fahren zusammen weiter, reden aber nicht viel und machen in einem historischen Örtchen namens Belorado eine längere Pause.

In unserer Unterhaltung stellt sich heraus, dass er der mir angekündigte Victor ist und er bestätigt mir, dass er den bayerischen Fußpilger aus Nájera in einem *refugio* kennengelernt hat. Überraschenderweise haben Victor und ich viele Gemeinsamkeiten. Während er nach dem Abitur eine Hotelfachschule in der Schweiz besuchte, war ich Schüler der Hotelfachschule Altötting, die er damals auch in die engere Wahl gezogen hatte. Er hat jahrelang in einem Luxushotel in München gearbeitet, welches ich gut kenne, da ein damaliger Freund von mir dort auch tätig war. Genau wie ich hat Victor irgendwann der Hotellerie den Rücken gekehrt und ist nun für eine Computerfirma tätig, welche eine Hotelsoftware vertreibt, die mir aus meiner Hotelzeit noch gut in Erinnerung ist. Und so haben wir viel zu quatschen und treffen gegen 5 Uhr nachmittags in Villafranca Montes de Oca ein, wo wir beide zum ersten Mal in den Genuss eines richtigen Einzelzimmers in einer Truckerpension kommen. Abends unternehmen wir einen kleinen Spaziergang, bei dem jeder aus seinem Leben erzählt. Anschließend gehen wir gemeinsam in das Restaurant unserer Pension und haben beim Essen eine angenehme Unterhaltung. Wir haben beide ein wenig Angst vor dem nächsten Tag, denn morgen steht uns eine anstrengende Etappe über die Oca-Berge und den Pedraja-Pass bevor.

Villafranca Montes de Oca
– Burgos – Castrojeriz

Freitag, 11.Mai 2007

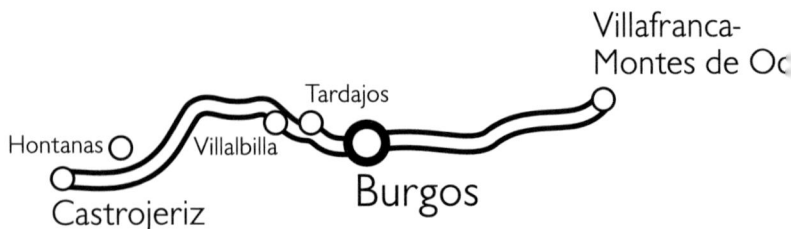

Manchmal sieht man Dinge, die es gar nicht gibt...

Oder doch?!

Victor läßt sich heute morgen nicht blicken und so mache ich mich, nachdem ich die Kette meines Fahrrads nachgeölt habe, allein auf den Weg. Der Tag beginnt mit einem harten Aufstieg zum 1150 Meter hohen Pedraja-Pass in den Oca-Bergen. Der Anstieg ist lang und kurvenreich und zieht sich hin bis zur Passhöhe Alto de la Pedraja auf 1150 Höhenmeter. In früheren Zeiten war dieses bergige Waldgebiet wegen seiner Wegelagerer besonders gefürchtet. Die Mühen des Aufstiegs werden mit einer rasanten Abfahrt durch himmlisch duftende Kiefernwälder belohnt. So macht Mountainbiken richtig Spaß. Die zahlreichen Fußpilger hören mich schon von weitem, dank laut knackender am Boden liegender Äste, und lassen mich freundlich passieren - nicht ohne mir ein freundliches „Buen camino!" mit auf den Weg zu geben.

In einer kleinen Mini-Ansiedlung, die man noch nicht einmal Dorf nennen kann, mache ich eine Pause. Ich besichtige die Kirche San Juan de Ortega und genieße die Kühle im Inneren dieses romanisch-gotischen Gotteshauses. In dieser Kirche befindet sich ein Mausoleum zu Ehren des heiligen Juan de Ortega, der ein großer Förderer des Jakobsweges war und viel dazu beigetragen hat, dass die Pilgerwege ausgebaut wurden. Die örtliche Pilgerherberge soll sehr empfehlenswert und stimmungsvoll sein, und eine Übernachtung in diesem *refugio* gehört für viele

Die Kathedrale
von Burgos

peregrinos zum absoluten „Muss". Doch ich muss leider weiter, denn es ist noch viel zu früh, um irgendwo einzukehren.

In Cuevas de Atapuerca schaue ich mich kurz im dortigen Museum um, denn hier wurde der Urmensch gefunden, und die Fundstelle zählt zum Weltkulturerbe. Danach geht es einen steinigen, kaum befahrbaren Weg hinauf zu einem Hochplateau. Neben dem schnurgeraden *camino*, den man mit dem Auge kilometerweit verfolgen kann, steht mitten in der Pampa ein braunes Ledersofa. Dieses Bild wirkt auf mich so surreal wie ein Bild von Salvador Dali. Unglaublich, was die Pilger hier so alles hinaufschleppen, denn mit einem Auto kann man diesen Ort gar nicht erreichen. Nach einigen Kilometern auf dem Hochplateau folgt eine steile Abfahrt Richtung Burgos. Auf dem mittlerweile fast fünf Meter breiten *camino* kommt es beinahe zu einem Unfall mit einem Fußpilger, der mir plötzlich ohne erkennbaren Grund vor mein Fahrrad springt. Im letzten Moment kann ich reagieren, und da ich gerade nur eine Hand an der Vorderradbremse habe, stellt sich mein Rad senkrecht in die Luft. Trotzdem kann ich das Gleichgewicht so eben noch halten und stürze nicht. Puh, das ist gerade nochmal gut gegangen.

Nach wenigen Kilometern erreiche ich Burgos, wo ich auf dem Vorplatz der Kathedrale mein Mittagessen einnehme. Diese Kathedrale ist eines der schönsten Bauwerke, die ich jemals erblickt habe, und ein weiteres Mal bin ich überwältigt davon, welche Schönheiten aus Stein der Mensch schon vor rund 800 Jahren ohne Hilfe von modernen Maschinen erschaffen konnte.

Nach dem Mittagessen nehme ich mein heutiges Etappenziel Castrojeriz in Angriff, und mittlerweile fühle ich mich auf meinem Rad immer wohler.

Die Sonne brennt unbarmherzig vom Himmel, und es ist sicher 35 bis 40°C heiß. Vor dem mittelalterlichen Ort Hontanas führt der *camino* auf einer langen Geraden über saftige Wiesen und eine steindurchsetzte Felderlandschaft. Als ich während der Fahrt kurz von meinem Vorderreifen aufblicke, sehe ich in etwa sechzig Metern Entfernung einen altertümlich in Jute gekleideten Pilger, der an einem einsamen Holzkreuz niederkniet und betet. Ich wundere mich noch, denn dieser Pilger sieht anders aus als alle anderen. Er schleppt keinen dieser modernen Trekking-Rucksäcke mit sich und wirkt, als käme er geradewegs aus dem Mittelalter. Als ich das Holzkreuz erreiche, schaue ich kurz nach rechts, um ein nettes „Buen camino" zu wünschen, doch dieser merkwürdige Pilger ist gar nicht mehr da. Ich bremse sofort und komme nur wenige Meter hinter dem Holzkreuz zum Stehen. Es ist unheimlich. Ich kann in der klaren Luft jede Himmelsrichtung drei bis vier Kilometer weit überschauen, aber nirgends ist eine Spur dieses ominösen Wallfahrers zu entdecken. Die Wiesen sind vielleicht zwanzig Zentimeter hoch gewachsen und normalerweise müsste ich ihn, während ich mich um meine eigene Achse drehe, entdecken. Er bleibt verschwunden. Merkwürdig, ich habe ihn doch vor nur einer Minute noch genau gesehen. Sein Niederknien habe ich überdeutlich vor meinem geistigen Auge und sehe ihn bildhaft vor mir. Völlig verdutzt fahre ich weiter, aber der Vorgang geht mir nicht aus dem Kopf. Fange ich schon langsam an zu spinnen? Brennt mir die Sonne zu stark auf den Kopf oder war es eine Fata Morgana, die meinen Augen einen Streich gespielt hat?

*Der „camino"
nahe Burgos*

*Arco de
Santa Maria,
Burgos*

43

Ich radele weiter und der Ort Hontanas müsste langsam in Sichtweite kommen. Aber erst wenige hundert Meter bevor ich ihn erreiche, sehe ich ihn, denn er liegt von Hügeln eingebettet in einer Senke. Der markante Turm der Pfarrkirche Immaculada Concepción erhebt sich über die Ziegeldächer. Es ist ein hinreißendes Dörfchen, das hauptsächlich aus markanten, klobigen Bauernhäusern besteht, die für eine leichte Kühle sorgen. Der gesamte Ort wirkt wie aus einer anderen Zeit, und man fühlt sich ins Mittelalter zurückversetzt. Es gibt eine einzige, äußerst urige Bar, in die ich einkehre, um etwas zu trinken zu bestellen. Schade, dass ich so wenig Zeit habe, hier würde ich gerne ein oder zwei Tage bleiben.

Irgendwann in den späten Nachmittagsstunden erreiche ich Castrojeriz. Im gemütlichen sonnigen Biergarten der ersten *albergue* komme ich umgehend mit zwei netten älteren Damen ins Gespräch, von denen mir eine sofort mitteilt, dass ich aussehe wie ihr Enkel, der allerdings rund 20 Kilo weniger wiegen dürfte als ich. Ich nehme diese Aussage mit Humor und lasse, nachdem ich mir eine Zigarette angesteckt habe, einen minutenlangen Vortrag über die Schädlichkeit des Rauchens nach sportlicher Betätigung über mich ergehen. „Das geht sofort auf die Kapillaren und schädigt die Herzkranzgefäße." Ah, das wusste ich noch gar nicht. Ich verzichte diesmal auf mein wohl verdientes Feierabendbierchen und bestelle vorsichtshalber ein Glas Mineralwasser, um nicht Gefahr zu laufen, auch noch einem Vortrag über Alkoholmissbrauch beiwohnen zu müssen. Da ich in den beiden Damen Muttergefühle zu wecken scheine, sind sie sehr nett zu mir. Sie erzählen in höchst amüsanter Weise, dass sie eigentlich mit ihren Männern zusammen unterwegs seien, aber diese beiden „Ochsen" schon vor vielen Kilometern abgeschüttelt haben, denn diese wären viel zu langsam und schlapp. Beide hätten die Nase voll, sich den ganzen Tag das dumme Geschwätz ihrer Ehemänner anhören zu müssen. Außerdem erklären sie, dass ihre Gatten die schmerzempfindlichsten Wesen auf dem ganzen *camino* seien: „Die beiden sind weit und breit die größten Jammerlappen auf dem Jakobsweg, und wir wissen nicht, wieso wir mit denen verheiratet sind." Die ganze Zeit erzählen sie, dass der letzte Urlaub auf Mallorca viel schöner war. „Das ist doch kein Urlaub hier, das ist spirituelles Pilgern! Die verstehen nichts, aber auch gar nichts, diese Schwachköpfe." Gut, da kann ich nun auch nicht weiterhelfen und mache mich aus dem Staub vor den resoluten Damen, denn der Wirt hat mir mittlerweile eine Unterkunft reserviert, in der ich heute schlafen kann.

Da die *refugios* allesamt ausgebucht sind, nächtige ich diesmal in einem richtig feudalen Hotel. Das Zimmer ist zwar mit 40 Euro deutlich teurer als ein *refugio*, aber in Deutschland müsste man für ein solches Zimmer sicher das Doppelte zahlen.

Nicht vergessen, morgen muss ich unbedingt Geld abheben. Mein Startkapital von 200 Euro ist schon auf 80 zusammengeschrumpft.

Castrojeriz – Fromista – Carrión de los Condes

Samstag, 12. Mai 2007

Carrión de los Condes

Villalcázar de Sirga Frómista

Itero de la Vega

Boadilla del Camino

Castrojeriz

Das Leben ist kein Wettrennen

In Castrojeriz versuche ich morgens, am einzigen Bankomaten Geld abzuheben. Obwohl meine Karte in Deutschland einwandfrei funktioniert hat, zahlt mir dieses spanische Gerät kein Geld aus und meldet „Gerät zur Zeit außer Betrieb". Langsam wird mein Geld knapp und ich beginne, etwas nervös zu werden.

Diese Etappe ist eine der schwierigeren. Fährt man aus Castrojeriz hinaus, sieht man schon die schweren, anspruchsvollen Steigungen des *camino* und man möchte eigentlich sofort wieder vom Rad absteigen. Auf dem Weg liegen schwere, große Steine, und man muss höllisch aufpassen, dass man sich nicht einen Platten einfängt. Ich quäle mich über die steinigen Hügel, aber das Bergauffahren fällt mir schon um einiges leichter als am Anfang meiner Reise. Meine Kondition bessert sich!

Mittagspause mache ich heute in einem wunderschönen *refugio* in Boadilla del Camino. Der Innenhof ist mit einem Pool ausgestattet und dieses kleine Einod macht mehr den Eindruck eines feinen Luxushotels als den einer Pilgerabsteige. Knappe drei Stunden sitze ich in einem kleinen Biergarten, quatsche mit anderen Pilgern und streichele ausgiebig einen lieben, schwarzen Schäferhund, den man, warum auch immer, an einen Baum gekettet hat. Ich habe heute einfach keine Lust weiterzufahren, am liebsten würde ich hierbleiben, aber mein heutiges Etappenziel heißt mindestens Carrión de los Condes - und das liegt noch 24 Kilometer entfernt. Sollte ich in meinem Leben noch einmal auf dem Jakobsweg pilgern, werde ich mir mehr Zeit nehmen! Als ich mich dann doch irgendwann

Der Innenhof eines herrlichen refugios und die Asunción Kirche in Boadilla del Camino

aufraffe, ist es bereits nach vier und müde fahre ich weiter. Irgendwann sehe ich mal wieder einen Radpilger in weiter Ferne und sofort erwacht mein Ehrgeiz: einholen, überholen und abhängen. Was soll dieser Käse eigentlich? Warum habe ich immer den Drang, andere Radfahrer überholen zu wollen? Ich bin doch hier im Urlaub, fahre den *camino* und keinesfalls die Tour de France. Also halte ich an, mache eine kleine Pause und hoffe, dass ich damit meinen Ehrgeiz zügeln kann. Es funktioniert und abends um 18 Uhr komme ich ziemlich entspannt in dem etwas größeren Ort Carrión de los Condes an, wo in der Innenstadt eine Art Jahrmarkt mit Schaustellerbuden und Fahrgeschäften stattfindet. Die angegliederte Autoausstellung erinnert mich sofort an die City-Ausstellung „Hagen blüht auf" in meiner Heimatstadt, die ich mit meiner Familie jedes Jahr gern besuche.

Die *refugios* und albergues sind allesamt ausgebucht. Das ist auch kein Wunder, denn die Fußpilger stehen ja schon morgens um vier auf, um ja in den gegen Mittag öffnenden Pilgerherbergen einen Schlafplatz zu ergattern. Nun gut, ich finde eine kleine, etwas schmuddelige Pension, in der ich ein Einzelzimmer bekomme. Es ist Samstag und heute habe ich mal richtig Lust unter Leute zu gehen.

In einer kleinen Bar bestelle ich mein Feierabendbierchen und verbringe eine witzige Zeit mit ein paar durchgeknallten, aber sehr lustigen Spaniern. Obwohl wir uns in keiner Sprache wirklich verständigen können, reden wir über Spanien, Deutschland, Frauen, gutes Essen und natürlich Fußball. Die Spanier machen sich mehr als lustig über den Vereinsnamen des FC Schalke 04, in welchen sie hineininterpretieren, dass Schalkes Gegner immer vier Tore schießen, Schalke selbst jedoch keins. Wir machen einige Fotos und nachdem ich meine Kamera einem der Spanier gegeben habe, tut er so, als wolle er sich damit aus dem Staub machen. Prima, sehr witzig.

Aus einem Bier werden zwei, dann drei und irgendwann höre ich auf zu zählen. Etwas angeheitert mache ich mich spät abends auf den Heimweg in meine kleine Pension „Schmuddel".

CARRIÓN DE LOS CONDES – SAHAGÚN

Sonntag, 13. Mai 2007

Sahagún ○

Lédigos

Quintanilla
de la Cueza

Cervatos
de la Cueza

Carrión de
los Condes

Manchmal braucht es einen Bruch,
um Gott zu erfahren

Der gestrige Abend mit den Spaniern war lustig, aber auch ziemlich teuer. Nachdem ich meine Pensionsrechnung in Höhe von 15 Euro bezahlt habe, besitze ich noch genau 70 Cent Bargeld. Gut, ich habe noch zwei Kreditkarten, aber damit in diesen kleinen mittelalterlichen Dörfern einkaufen zu wollen ist genauso aussichtsreich, als würde ich versuchen, mit dem Hagener Regiogeld „VolmeTALER" zu bezahlen, für dessen Einführung ich als Initiator in meiner Heimatstadt gesorgt habe. Ich finde einen Geldautomaten, aber dieser spuckt meine Karte nach dem Einschieben sofort wieder aus. Jetzt verzweifele ich langsam. Ich habe den dringenden Verdacht, dass mit meiner EC-Maestro-Card irgendetwas nicht stimmt.

Trotz meiner Liquiditätsnot und dem abendlichen Trinkgelage fühle ich mich heute körperlich topfit. Voller Elan breche ich schon morgens um 7 Uhr auf ins 45 Kilometer entfernte Sahagún, um dann nach Léon weiterzufahren. Heute ist das Wetter zum ersten Mal richtig schlecht. Es ist kalt, stark bewölkt und sehr windig. Trotzdem komme ich gut voran - bis irgendwann heftiger Regen einsetzt. Ich bin nass bis auf die Haut und suche in einer kleinen Scheune Unterschlupf. Ich krame meine Regenkleidung aus dem Rucksack hervor und danach geht es wieder hinaus in die ungemütliche, kalte Nässe.

Heute ist irgendetwas anders. Auf meinem Rad fühle ich mich unendlich klein. So, als würde ich wie ein Wurm über die Straße kriechen. Es ist ein Gefühl der Bedrücktheit, schwierig zu beschreiben. Als ich einen 4 Kilometer langen Anstieg hinter mir habe, bemerke ich, dass ich meine Biker-Sonnenbrille nicht mehr auf der Nase habe. So ein Mist! Ich habe diese ziemlich teuren Augengläser in der Scheune liegen lassen. Obwohl mir eine innere Stimme sagt, dass ich sie nicht vergessen und bei mir habe, drehe ich wütend um. Ich bin nicht nur wütend, ich bin stinksauer. Vier Kilometer wieder zurück und dann vier Kilometer wieder diesen blöden Anstieg bergauf. Genau das kann ich jetzt bei diesem prasselnden Regen nicht gebrauchen.

Als ich in der Scheune ankomme, liegt meine Sonnenbrille nicht am Boden. Ich steige ab - und siehe da, sie klemmt zwischen Sattel und Schlafsack. Ich hatte sie die ganze Zeit dabei. Jetzt bin ich richtig sauer. Die Fußpilger, an denen ich jetzt zum dritten Mal vorbeifahre, in welcher Richtung auch immer, machen sich schon lustig über mich und rufen mir irgendetwas zu, was ich nicht verstehe. So richtig wütend trete ich in die Pedale. Warum nur habe ich nicht auf meine innere Stimme gehört?

Exakt an der Stelle, an der ich voller Wut umgekehrt bin, gibt es plötzlich ein lautes, ekelhaft knackendes Geräusch. Ich schaue nach unten und traue meinen Augen nicht. Das Oberrohr meines Fahrrads ist an der Sattelstütze durchgebrochen. Zunächst fahre ich einfach wackelig weiter, denn ich bin mir sicher, genau wie bei diesem rätselhaften Fußpilger, einer Fata Morgana erlegen zu sein. Ein Rahmenbruch, das kann und darf nicht wahr sein. Das ist das Schlimmste - nach Schädel-, Bein- oder Armbruch - was bei einer Radtour passieren kann. Alles kann man reparieren, egal ob Plattfuß, Bremse oder eine gerissene Kette - aber ein Schweißgerät habe ich nun zufällig nicht dabei. Ich halte an und schaue mir die Bruchstelle an. Mit diesem Fahrrad kann ich unmöglich weiterfahren ohne

Gefahr zu laufen, dass es völlig auseinanderbricht. Zum Glück habe ich in dieser langweiligen, öden Landschaft Handyempfang und rufe meine Frau an. Wir diskutieren alle Möglichkeiten durch: reparieren lassen, neues Fahrrad kaufen und das alte per Post nach Hagen schicken, oder den *camino* abbrechen und nach Hause fliegen.

Ein Fahrrad per Post zu verschicken ist schon in Deutschland ein Riesenproblem, und ich kann mich nicht erinnern, auf dem Weg irgendwo einmal ein Postamt gesehen zu haben. Mein Fahrrad ist aus Aluminium und jemanden zu finden, der Aluminium schweißen kann, gleicht der Suche nach der Nadel im Heuhaufen. Außerdem bin ich in Spanien und habe so oder so Verständigungsschwierigkeiten, denn hier, im Norden der iberischen Halbinsel, spricht kaum jemand deutsch oder englisch. Durch den Rahmenbruch ist alles zu einem Alptraum geworden. Mein Fahrrad ist kaputt und Bargeld besitze ich auch nicht mehr.

Obwohl ich viele tröstende Worte von meiner Frau erhalte, lasse ich nach dem Telefonat mein Fahrrad einfach fallen, lege mich am Wegrand ins nasse Gras und fange bitterlich an zu heulen. Das war´s mit meinem *camino*. Ende, aus, vorbei.

So liege ich auf dem Boden und heule wie ein Schlosshund. Und plötzlich fängt es ganz langsam an: Während ich vor mich hin schluchze, habe ich das Gefühl, als würde sich mein Körper langsam mit dem Matsch, in dem ich liege, verbinden. Ich scheine mich aufzulösen, fühle die feuchte Erde und es gibt keine Grenze mehr zwischen mir und dem Boden. Ich spüre den Regen auf meiner Haut, bin aber gleichzeitig das Wasser, das auf mich niederregnet.

Ich spüre, wie ich atme, bin aber selbst die Luft, die in meine Lungen strömt. Und in mir breitet sich eine ungeheure Wärme und Geborgenheit aus, die ich so noch nie erlebt habe. Ein unbeschreibliches Glücksgefühl durchströmt mich und jedes Molekül meines Körpers und Geistes ist mit allem, was es gibt, in einer wundervollen Einheit verbunden. Ich denke gar nichts mehr und bin mit allem völlig eins. Es gibt keinen Schmerz mehr, keine Wut, keine Enttäuschung, keine Kälte. Nur eine unendliche Geborgenheit voller Liebe, die göttlich sein muss. Hier in diesem Moment finde ich Gott und erlebe Ihn. Ich fühle was Gott ist: Er ist alles und ich bin selbst ein Teil des Ganzen und somit von Ihm. Ich bin mir meiner völlig bewußt und habe gleichzeitig das Gefühl, dass mein Bewusstsein sich in die gesamten Weiten des Universums ausgedehnt hat. Irgendwann öffne ich wieder die Augen und es hat aufgehört zu regnen. Die Sonne lugt vorsichtig zwischen den Wolken hervor.

Noch benommen stehe ich auf und fange an, mein zerbrochenes Rad zu schieben. Das eben Erlebte ist mit Abstand das Schönste und Merkwürdigste, was mir jemals widerfahren ist. Diese Vollkommenheit und Einheit mit allem zu verspüren war einzigartig und macht mich nun sehr nachdenklich. Ich erinnere mich an ein Gespräch mit meiner elfjährigen Tochter Caroline. Stolz fragte sie mich, ob ich wüsste, wie die kleinste Maßeinheit in der Mathematik heißt. Nein, es sind nicht die Millimeter, wie ich vermutete, sondern Picometer, das Billionstel eines Meters. Etwas, das so klein wie ein Picometer sei, könne man weder sehen und bestimmt nicht mehr teilen, erklärte mir meine Tochter.

Rahmenbruch!

Kirche in Villafranca del Bierzo

Theoretisch müsste man aber doch jedes Stück Materie immer noch einmal durchschneiden können. Was also ist das kleinste nicht mehr halbierbare Teilchen? Vielleicht besteht die Materie in ihrer kleinsten Form ja gar nicht aus Materie. Vielleicht ist die Grundsubstanz aller Materie nur eine Form von Energie. Man könnte es göttliche Energie oder auch Liebe nennen, woraus alles, was existiert, besteht. Vielleicht ist die ganze Welt, die wir mit unseren Sinnen wahrnehmen, eine einzige Illusion. Das würde bedeuten, dass der Schöpfer in allem ist und wir selbst ein Teil Gottes sind. Während ich den *camino* weiter entlang in Richtung Sahagún laufe, muss ich an meine vierjährige Tochter Jule denken, die im letzten Urlaub in einem Restaurant am Meer auf meine Frage, warum sie glücklich sei, ganz ernst, sehr erwachsen und mit ruhigem Blick antwortete: „Weil ich lebe!". Diese höchst philosophische Antwort, die mich und meine Frau sehr ergriffen hat, gibt mir wieder Anlass nachzudenken. Eigentlich habe ich überhaupt keinen Grund, mit meiner Situation böse zu sein. Es gibt mich und das ist genug. Allerdings habe ich heute auch erfahren, dass es noch sehr viel mehr gibt, als das, was wir mit unseren Sinnen wahrnehmen können.

Und noch einmal muss ich an Jule denken, denn damals im Urlaub habe ich ihr am nächsten Tag die gleiche Frage noch einmal gestellt, um zu überprüfen, ob es vielleicht nur eine Zufallsantwort war. Doch sie sagte wieder: „Weil ich lebe!", um dann auch noch bekräftigend hinzuzufügen, dass sie mir das doch schon am Vortag gesagt habe. Und dann fragte ich sie, woher sie denn wüßte, dass das Leben glücklich macht und sie antwortete: „Papa, von Olli natürlich. Der erklärt mir doch alles."

Olli ist Jules virtueller Freund, eine Art Karlsson vom Dach, den nur sie sehen kann. Oft unterhält sie sich abends im Bett mit ihm, und meine Frau und ich lauschen manchmal, können aber meistens nicht verstehen, was sie sagt. Sehr interessant ist dabei, wie ernst sie über ihn berichtet und was sie uns über ihren Freund verrät. Einmal erzählte sie mir, dass er überall auf der Welt wohne und manchmal ganz weit weg müsse. Aber wenn sie wolle, dass er kommt, sei er auch ganz schnell bei ihr. Auch im Bekanntenkreis habe ich solche Geschichten schon gehört, und leicht tut man so etwas als kindliche Phantasie ab. Doch hat man einen Beweis dafür, dass es sich tatsächlich nur um kindliche Einbildungen oder Träume handelt? Als Jule zum ersten Mal von Olli erzählte, dachte ich, er wäre ein Freund aus dem Kindergarten, bis meine Frau mich über seine Nicht-Existenz aufklärte.

Irgendwann kam dann der Tag, an dem ich auf den ausgebauten Dachboden unseres Bürohauses musste. Während meiner frühen Kindheit war dieses Haus eine mehr oder weniger baufällige Ruine, in der ich gerne spielte und die mein Vater irgendwann zu einem Bürohaus ausbauen ließ. Um von einer Etage in die nächste zu gelangen, brauchte man Leitern und nichts war aufregender als dort zu spielen - obwohl das Betreten des Hauses durch meine Eltern ausdrücklich verboten war.

Die Erinnerung an das kleine Mädchen kam ganz schlagartig zurück. Wie viele Jahre schon hatte ich nicht mehr an meine kleine, blonde Spielkameradin gedacht, die hier oben wohnte und dieses wunderbare Puppenhaus besaß? Wie oft hatte ich mich heimlich aus dem benachbarten Wohnhaus weggeschlichen, um hier oben mit meiner Freundin zu spielen? An ihren Namen kann ich mich nicht mehr erinnern, aber sie muss - wie ich - drei oder vier Jahre alt gewesen sein. Ich sehe dieses Mädchen heute noch vor mir. Sie war blass und zart, und oft habe ich dort oben ein bis zwei Stunden zugebracht, bis ich wieder ins benachbarte Wohnhaus ging. Natürlich habe ich nie von ihr erzählt, denn meine Brüder hätten mich ausgelacht, wenn ich zugegeben hätte, dass ich mit einem Mädchen spiele. Da wir eine Großfamilie mit zehn Kindern waren, fiel mein Wegbleiben meistens nicht auf - und wenn es auffiel, interessierte es keinen, wo ich gewesen war. Dieses kleine Mädchen war für mich mein liebster Spielkamerad und sie war real, obwohl dort nie ein kleines Mädchen gewohnt haben konnte. Hat dieses Mädchen tatsächlich existiert oder habe ich mir als kleiner Junge auch einfach eine kleine Freundin in meiner Phantasie erfunden? War sie vielleicht ein himmlisches Wesen, ein Schutzengel oder Begleiter aus einer anderen Dimension? Wäre es nicht denkbar, dass Kinder in den ersten Jahren nach ihrer Geburt noch in der Lage sind, diese Dimensionen wahrzunehmen? Vielleicht gibt es tatsächlich noch viele andere unsichtbare Dimensionen, die von uns nicht wahrgenommen werden können, so wie es manche Physiker für möglich halten. Schließlich ist es noch gar nicht so lange her, dass Menschen verbrannt wurden, wenn sie behaupteten, die Erde sei keine Scheibe, sondern eine Kugel. Und außerdem war ich heute ja auch in so etwas wie einer anderen Dimension.

Nach zehn Kilometern Fußmarsch, komme ich nachdenklich in Sahagún an.

SAHAGÚN

Sonntag, 13. Mai 2007

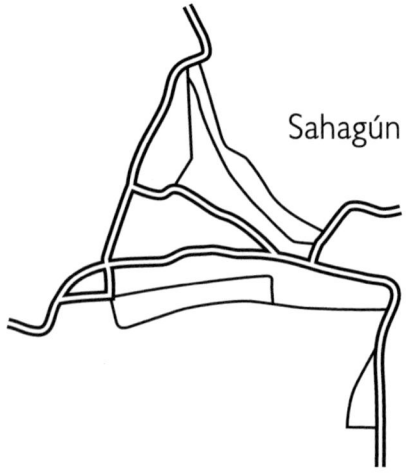

Sahagún

Vielleicht gibt Gott sich in einem Zufall zu erkennen

Bin ich tatsächlich erst vor sechs Tagen in Pamplona mit meinem Rad losgefahren? Es kommt mir vor, als wäre ich schon wochenlang auf dem *camino* nach Santiago de Compostela unterwegs. Es ist so viel passiert, und das bisher Erlebte und die Fülle der Eindrücke waren überwältigend. Mittelalterlich anmutende Dörfer, Kathedralen, Klöster und wundervolle Landschaften sind auf diesem Weg allgegenwärtig. Nicht zu vergessen die überaus freundlichen und hilfsbereiten Spanier und die vielen netten Pilger, die ich kennengelernt habe. Überall werde ich bestens behandelt. Oft winken mir Menschen aus vorbeifahrenden Autos freundlich zu oder drücken aufmunternd auf die Hupe. 368 Kilometer habe ich bis jetzt zurückgelegt und bis Santiago sind es weitere 364 Kilometer. Ich habe also ziemlich genau die Hälfte des Weges hinter mir.

Meine Pilgerreise führte mich von Pamplona über Logroño und Burgos nach Sahagún, wo ich gerade angekommen bin. Allerdings zu Fuß, denn ich musste mein Rad die letzten 10 Kilometer schieben, da vor gut drei Stunden das Oberrohr meines Fahrrads an der Sattelstütze durchgebrochen ist. Ein Schaden, den man nicht einfach reparieren kann und eine Weiterfahrt mit diesem kaputten Drahtesel unmöglich macht. Mein heiß geliebtes, teures Hightech-Mountainbike ist Schrott.

Außerdem bin ich pleite und besitze gerade noch 70 Cent Bargeld. Meine EC-Karte, die in Deutschland einwandfrei funktioniert hat, wird von manchen Geldautomaten sofort ohne Meldung wieder ausgespuckt, an anderen Bankomaten gebe ich hoffnungsvoll meine Geheimnummer und den gewünschten Betrag ein, um dann zu erfahren, dass das Gerät zur Zeit nicht betriebsbereit ist. Diese spanischen Geldausgabegeräte machen bei mir grundsätzlich Siesta.

Es ist Sonntag, und ich schiebe mein Rad durch ein hässliches Industriegebiet. Es ist windig, kalt und immer wieder regnet es. Alle Geschäfte haben geschlossen und die Straßen sind menschenleer. Eine Hinweistafel macht auf eine Pilgerherberge aufmerksam und ich mache mich auf den Weg, um dort nach Hilfe zu fragen. Endlich angekommen, sehe ich zunächst keine Menschenseele und betrete einen riesigen Schlafraum. Ein Bett reiht sich an das nächste, und in langen Reihen stehen etwa einhundert Doppelhochbetten, die alle mit Vorhängen ausgestattet sind. Das Ganze sieht aus wie ein riesiger Kaninchenstall, allerdings für Menschen.

Der Herbergsvater, ein unrasierter, großer Spanier mit mächtigem Bierbauch, kommt aus einem Büro, das ich zunächst gar nicht bemerkt hatte. Er begrüßt mich nett und hört sich meine Geschichte geduldig an. Dabei betrachtet er mich mitleidig - aber nicht aus Mitgefühl, sondern weil ich Englisch spreche und er von meinen Ausführungen kein Wort versteht. Erst als ich ihm mein kaputtes Fahrrad zeige, wird ihm klar, worum es geht und sofort beginnt er zu telefonieren. Nach drei Anrufen, die seinem Gesichtsausdruck nach nicht besonders erfolgreich waren, bittet er mich an seinen Computer, an dem er ein Übersetzungsprogramm aufruft. Auf dem Bildschirm erscheint der englische Text: „I´m sorry, but I can´t help you. Today is Sunday and every shop is closed. Try it tomorrow."

Esel - der Anführer

Ruinas del Convento de San Antón

Tja, was hatte ich auch erwartet. Heute ist Sonntag, alle Geschäfte haben geschlossen und dass man mir mein Fahrrad wieder heile zaubert, kann ich selbst auf einer spirituellen Wallfahrt nicht erwarten. Ich bedanke mich für seine freundliche Hilfe und verabschiede mich, nachdem er meinen Pilgerausweis abgestempelt hat.

Ich gehe eine kleine Einfahrt zur Straße hinunter und langsam schiebt sich der Vorderreifen eines Fahrrads hinter einer Hauswand hervor. Wer kommt denn da? Und schon schaue ich in ein altbekanntes Gesicht. Was für ein Zufall! Vor mir steht Victor, den ich vor drei Tagen kennengelernt habe. Als Deutsch-Argentinier spricht er perfekt Deutsch, Spanisch und Englisch, außerdem verstehen wir uns blendend. Der Fußpilger in Nájera hatte mir zwar prophezeit, dass ich ihn kennenlernen würde, aber kann es wirklich Zufall sein, dass ich ihn gerade jetzt, hier in meiner Situation wiedertreffe?

Ich muss wohl ziemlich schlecht aussehen, denn er begrüßt mich mit den Worten „Hey, was ist denn mit Dir los?" Ich sage gar nichts und zeige nur auf die Bruchstelle an meinem Fahrrad. „Ach du Scheiße!" entfährt es ihm. „Wie hast du das denn hingekriegt?" Ich erstatte kurz Bericht und wir schieben unsere Räder Richtung Innenstadt. Er erzählt mir, dass auch er ziemlich verzweifelt sei, denn sein Rückflug ist am Sonntag, dem 20. Mai, und er ist sich sicher, dass er es in der verbleibenden Zeit nicht bis nach Santiago schaffen wird. „Ich bin einfach zu langsam und die schweren Bergetappen kommen ja erst noch." Victor hat keine Lust mehr, bei diesem kalten, regnerischen Wetter weiterzufahren und will bis morgen in Sahagún bleiben. Wir finden eine kleine, ordentliche Pension, in welcher auch Victor sich ein Zimmer nimmt, denn auf den Kaninchenstall hat er ebenfalls keine Lust.

Abends sitzen wir in einer Bar, in der an einer großen Pinnwand auf eine Lotterie hingewiesen wird. Ich überlege kurz, mir ein Los zu kaufen, denn die 12 Millionen Euro, die es zu gewinnen gibt, würden mein Geldproblem nachhaltig lösen. Außerdem könnte ich ja mal wieder das Universum um Hilfe bitten. Wenn es mich von meinen heftigen Knieschmerzen befreien konnte, dürften so ein paar Milliönchen doch auch kein Problem sein. Obwohl die Versuchung groß ist, entscheide ich mich dagegen, höhere Mächte um schnöden Mammon anzubetteln.

Nach unserem Barbesuch finden Victor und ich ein schickes Restaurant, das Kreditkarten akzeptiert, und so lassen wir es uns bei spanischem Rioja und einem tollen Menü richtig gut gehen. Er bietet mir an, mich am nächsten Tag zu einer Bank zu begleiten, da ich versuchen möchte, mit meinen Kreditkarten an Bargeld zu kommen. Ich freue mich sehr darüber, denn mit seinem Spanisch kann er mir bestimmt helfen.

Sahagún – Léon – Ponferrada

Montag, 14 - Mai 2007

León

Ponferrada  Saha...

Jedes Problem kann gelöst werden, man darf die Hoffnung nicht verlieren

Am nächsten Morgen treffe ich mich mit Victor und wir gehen in die Innenstadt, wo wir auf erstaunlich viele Bankfilialen treffen. Victor spricht in der ersten Bank vor und schildert mein Problem, aber leider bekomme ich auf meine Kreditkarten kein Bargeld. Geldauszahlungen auf Kreditkarten sind nur an Bankomaten mit Geheimnummer möglich, erklärt uns die freundliche Dame am Schalter. Die Geheimnummern meiner beiden Kreditkarten habe ich jedoch schon lange vergessen. Besser gesagt, ich wollte sie mir gar nicht merken, denn Bargeldabhebungen mit diesem Plastikgeld sind bekanntlich sehr teuer. Auch bei weiteren fünf Banken werden wir abgewiesen, denn die Kreditinstitute haben keine Möglichkeit, eine Barauszahlung mit den Kreditkartengesellschaften abzurechnen.

Jetzt stehe ich da. Für mich ist das eine ganz neue Erfahrung. Als Initiator einer Regionalwährung ohne Geld dazustehen ist irgendwie belustigend und ich kann mir schon denken, was meine Freunde sagen werden: „Warum hast du nicht einfach einen Jakobstaler auf den Markt geschmissen? Gab´s da keine Druckerei?" Haha, sehr lustig.

Als ich zum x-ten Mal erfolglos versuche, mit meiner defekten EC-Karte Geld abzuheben, sagt Victor plötzlich: „Okay, wieviel brauchst du? Hundert, zweihundert, fünfhundert?" Ich schaue ihn ungläubig an. Er will mir tatsächlich Geld leihen, obwohl er noch nicht einmal meinen Nachnamen kennt. Es ist mir sehr unangenehm, aber ich nehme die 400 Euro, die er abhebt, dankbar an. Er schreibt mir seine Bankverbindung auf und ich stecke das Stück Papier in meinen Brustbeutel. „Schmeiß' den Zettel bloß nicht weg." sagt er lachend. Eines meiner Probleme auf dem *camino* war, Vertrauen zu haben. Dieses Problem hat Victor sicher nicht.

Gut, mein Geldproblem ist gelöst. Jetzt gehen wir gemeinsam mein Fahrradproblem an. Im einzigen Fahrradgeschäft Sahagúns zeigen wir dem Mechaniker in der Werkstatt mein kaputtes Rad. Dieser erklärt Victor, dass es in Spanien vielleicht fünf Fahrradwerkstätten gäbe, die Aluminium schweißen könnten, aber in Sahagún sei sicher keine. Ich bin sehr dankbar, dass Victor bei mir ist, denn durch ihn habe ich überhaupt keine Verständigungsschwierigkeiten mehr. Ohne Victor wäre ich aufgeschmissen. Da er Spanisch mit argentinischem Akzent spricht, werden wir überall äußerst nett behandelt. Viele Spanier haben Verwandte in Argentinien und es ergeben sich immer nette Gespräche zwischen Victor und den Einheimischen.

Wir beschließen, mit dem Zug in die 50 Kilometer entfernte Großstadt Léon zu fahren und schieben unsere Räder Richtung Bahnhof. Wir kommen an einem Geschäft vorbei, das Gartengeräte verkauft und es zieht mich magisch an. Meine innere Stimme sagt mir, dass ich genau in diesem Laden nach Hilfe fragen soll. Diesmal vertraue ich der Stimme aus dem Off und erkläre Victor, dass wir unbedingt in dieses Geschäft müssen. Verständnislos schaut er mich an: „Brauchst Du 'ne Harke, oder was?" Lachend entgegne ich: „Nein, lass uns doch einfach fragen, ich hab' da so ein Gefühl." Ich warte bei den Fahrrädern und nach fünf Minuten kommt Victor grinsend aus dem Geschäft. Er berichtet mir, dass in fünfzehn Minuten ein Mann käme, der in der Lage sei, das Fahrrad zu reparieren.

Tatsächlich trifft wenig später ein etwa siebzig Jahre alter Mann auf einem Mofa ein. Er schaut sich die Bruchstelle an meinem Rad an und Victor übersetzt mir, dass er das passende Schweißgerät vor kurzem verkauft habe, aber eine Werkstatt in Sahagún kenne, die es reparieren kann. Er zeigt uns den Weg zu einer Firma, die Mähdrescher und riesige Traktoren verkauft. Wir betreten die Werkstatt und der Meister bittet uns in eine angrenzende kleine Halle. Er will auf jeden Fall versuchen, den Schaden zu beheben, ist sich aber nicht sicher, ob sein Schweißgerät fein genug für die Reparatur eingestellt werden kann. Sollte der Reparaturversuch fehlschlagen, könne er uns auf jeden Fall die Adresse einer Werkstatt in Léon geben, die das Rad hundertprozentig reparieren kann. Er beginnt mit der Arbeit und brennt ein hässliches, etwa ein Zentimeter großes Loch in den Rahmen. Sofort bricht er ab und erklärt uns, dass sein Gerät für Großmaschinen wie Mähdrescher ausgelegt sei, aber leider nicht für ein so filigranes Rohr. Langsam verliere ich den Glauben daran, dass eine Reparatur meines Mountainbikes überhaupt möglich ist. Vielleicht sollte ich mir einen Mähdrescher kaufen und damit den *camino* fahren.

Der Reparaturversuch kostet nichts und Victor erklärt mir, dass der Meister noch nicht mal im Erfolgsfall von uns Geld genommen hätte. Wir sind halt Pilger, und die werden von den Spaniern besonders freundlich behandelt. Nachdem wir uns bei dem Meister bedankt haben, gibt er uns die Adresse der Werkstatt in Léon und meldet uns telefonisch dort an.

Am Bahnhof sitzen Victor und ich nebeneinander auf einer Bank und warten auf den Zug. Wir reden nicht viel und ich erinnere mich an das Buch „Ich bin dann mal weg!"

Von oben links:
Die Kathedrale von Santiago, Der „camino" in der Nähe von Burgos,
Kirche in Villafranca del Bierzo,
Angekommen!, Der heilige Gral von O Cebreiro, Ein einsamer Pilger,
Ein lustiger Abend mit Einheimischen in Carrión de los Condes

von Hape Kerkeling, das ich vor meiner Reise gelesen habe. Dieser großartige Komiker hat genau hier gesessen und über seine Rückführung in ein früheres Leben nachgedacht. In seinem Reinkarnationsseminar stellte sich heraus, dass er als Mönch in einem polnischen Kloster nahe Breslau gelebt hat und von den Nazis erschossen wurde, weil sich in dem Kloster eine jüdische Familie versteckt hielt. Eine Rückführung würde ich auch gerne mal machen. Wer ich wohl mal war? Mit Caesar, Napoleon oder James Dean könnte ich mich ja noch anfreunden. Aber was, wenn sich herausstellt, dass man in einem früheren Leben Jack the Ripper oder Adolf Hitler war? Oder man stelle sich mal vor, dass ich der Nazi war, der Hape Kerkeling erschossen hat. Das könnte ich mir gar nicht verzeihen! Ich müsste einen Entschuldigungsbrief schreiben: „Sehr geehrter Herr Kerkeling! Ich habe Sie erschossen. Es tut mir leid. War nicht so gemeint. In diesem Leben werde ich Sie nicht erschießen." Das mit meiner Rückführung muss ich mir nochmal überlegen.

Gegen 14.30 Uhr treffen wir in Léon ein. Wir gehen zu einem Taxi und ich lege das Fahrrad vorsichtig in den kleinen Kofferraum. Es passt nicht ganz hinein und der Taxifahrer drückt den Kofferraumdeckel ziemlich unsanft auf den hervorschauenden Vorbau. Na wunderbar, denke ich, jetzt ist die Gabel auch kaputt.

Während der Fahrt erzählt Victor unsere Geschichte und der Taxifahrer fühlt richtig mit. An der Werkstatt parkt er sein Auto am Straßenrand und steigt mit uns aus. Er findet das Ganze unheimlich spannend und will unbedingt wissen, ob mein Rad repariert werden kann. Meine Geschichte ist jetzt auch seine Geschichte, denn er hat Victor und mich schließlich vom Bahnhof hierher gefahren.

Der Meister der Werkstatt erklärt uns, dass er im letzten Jahr fünf Rahmenbrüche repariert habe. Alle, die mit ihren kaputten Fahrrädern kamen, seien Deutsche gewesen. „Irgendwas stimmt mit Euch Deutschen nicht", meint er scherzhaft, „entweder könnt ihr kein Fahrrad fahren oder ihr baut schlechte Räder."

Etwa zwanzig Minuten später ist das Fahrrad repariert. Die Schweißnaht sieht hervorragend aus, auch wenn am Rahmen etwas Lack entfernt werden musste. Lächerliche 30 Euro muss ich für die Reparatur bezahlen. Prima, mein Fahrrad ist wieder ganz, und Victor und ich fahren mit dem Taxi zurück zum Bahnhof, um mit dem Zug etwa einhundert Kilometer nach Ponferrada zu fahren. Die zwei verlorenen Tage müssen wir aufholen. Per Rad würden wir es nicht mehr bis Samstag nach Santiago schaffen.

PONFERRADA – VILLAFRANCA DEL BIERZO – AMBASMESTAS

Dienstag, 15. Mai 2007 - Vormittag

Ambasmestas

Villafranca
del Bierzo

Ponferrada

Stell dich deinen Ängsten
und sie verschwinden von ganz allein

Mein Radführer beschreibt Ponferrada als Industriestadt mit nüchternen Wohnblockvierteln. Doch sie macht mit ihren 60.000 Einwohnern eher den Eindruck einer Großmetropole. In der schönen Innenstadt gibt es noble Geschäfte, Edelboutiquen und zahlreiche Restaurants. Der Ort erinnert mich ein wenig an Kataloniens Hauptstadt Barcelona im Süden Spaniens. Das Wahrzeichen Ponferradas ist die mittelalterliche Templerburg *Castillo de los Templarios*. Eindrucksvoll erhebt sie sich mit ihren Zinnen, Wehrtürmen und Zackenmauern nahe der Altstadt über einem Schieferplateau.

Victor und ich verlassen Ponferrada bei angenehmem Radfahrerwetter und kommen gut voran. Mein repariertes Fahrrad läuft perfekt. Ich hatte die Befürchtung, dass durch die Schweißarbeiten der Rahmen verzogen sein könnte, doch ich spüre beim Radeln keinen Unterschied.

Die Landschaft trägt Mittelgebirgscharakter und es geht durch hügelige Weinanbaugebiete. Victor fährt wenige Meter hinter mir und zwei Jugendliche überholen uns auf einem Motocross-Motorrad. Irgendwann kommen wir an einen steinigen, sehr steilen Abhang. Als ich in die Tiefe schaue, überkommt mich Angst. Ich will da jetzt nicht runterfahren! Diese Abfahrt ist definitiv zu steinig und zu steil. Meine Angst nimmt mich völlig ein, und ich bekomme ein flaues Gefühl im Magen. Doch je mehr ich mich von meiner Furcht einnehmen lasse und richtig in diesem Gefühl bade, desto mehr schwindet sie auch.

Ponferrada

Ponferrada:
Innenstadt

„Dir wird nichts passieren", meldet sich meine innere Stimme. „Gib Gas und hab' Spaß!" Was soll auch schon passieren? Ich hätte während der letzten 400 Kilometer auch schon längst von einem Laster überrollt werden können. Also los, Augen zu und durch. Ich sage „Tschüss" zu Victor und lasse das Rad einfach laufen. Es geht über Stock und Stein und ich werde immer schneller. Bald habe ich das Motorrad eingeholt und es ist ein richtiger Triumph, es zu überholen. Diese Abfahrt ist ein Höllenritt, aber die Angst ist wie weggeblasen und es macht einen Riesenspaß, sich in die Tiefe zu stürzen. Ich freue mich, als ich unten heil ankomme, aber am meisten begeistert mich, dass ich meine Angst besiegen konnte. Nach einem Kilometer wird der Weg wieder flach und ich erreiche eine kleine Brücke nahe dem Örtchen Ambasmestas. Als Victor etwa zehn bis fünfzehn Minuten später eintrifft, begrüßt er mich knapp mit den Worten: „Du bist wahnsinnig!" Am Ortseingang von Ambasmestas machen wir eine Pause an einer Brücke, die über ein romantisches Bächlein führt.

Wir kommen mit einer etwa 60 Jahre alten sympathischen Holländerin ins Gespräch, die am Brückengeländer lehnt. Sie erzählt uns, dass sie schon seit vier Wochen zu Fuß unterwegs sei und nie geglaubt habe, so lange durchzuhalten. Weiter berichtet sie, dass ihre 87jährige Mutter Tag für Tag anruft, um nachzufragen, ob ihre Tochter noch lebt oder schon von wilden Hunden zerfleischt wurde.

Ein zahnloser Hirte treibt eine Schafherde, die von einem Esel angeführt wird, über den *camino*. Die Holländerin muss unter einer Schafphobie leiden, denn sie geht ängstlich ein paar Meter zur Seite und erzählt uns dabei, dass sie vor jedem Tier, egal ob groß oder klein, panische Angst habe. Ohne es auszusprechen denke ich, dass daran die Mutter Schuld sein muss. Wer jeden Tag vermittelt bekommt, dass er von Hunden zerfleischt werden könnte, ist sicher auch bald der Überzeugung, dass Schafe Menschen fressen. Dabei hätten einzig und allein die Schafe berechtigten Grund zur Angst, denn der Hirte erzählt lachend, dass er nicht den *camino* laufe, sondern auf dem Weg zum Schlachthof sei.

Als die nette Holländerin erfährt, dass Victor und ich Deutsche sind, sagt sie: „Irgendein populärer Deutscher namens Krakeling oder so ähnlich muss ein Buch geschrieben haben. Habt ihr das auch gelesen? Jeder zweite Pilger ist Deutscher. Das ist ja wirklich erstaunlich." Wir berichten ihr kurz von dem Buch und kommen letztendlich zu dem Schluss, dass es gut ist, wenn möglichst viele Menschen den *camino* laufen. Hauptsache, seine Ursprünglichkeit wird bewahrt, denn nichts wäre schlimmer, als wenn dieser Weg durch die Tourismusindustrie verschandelt werden würde.

Ponferrada: die Tempelburg

Nach unserer Pause beschließen Victor und ich, uns zu trennen. Wir sind uns einig, dass es besser ist, alleine weiter zu fahren. Man muss keine Rücksicht auf den anderen nehmen und kann seine Pausen einteilen, wie man sie braucht. Außerdem hat man dauernd Sorge, dass ein Unfall passiert ist, wenn der Andere mal zurückbleibt. Alleine fahren bedeutet Freiheit.

Ich bedanke mich noch einmal bei Victor für alles, was er für mich getan hat, denn ohne seine Hilfe hätte ich meinen *camino* abbrechen müssen. Wir verabschieden uns voneinander, obwohl wir sicher sind, dass wir uns wiedersehen werden - spätestens in Santiago. Wir machen aus, dass Victor eine Stunde Vorsprung erhält und ich darf mich über eine weitere erholsame Pause freuen. Ich lege mich bei strahlendem Sonnenschein ins Gras und genieße die Ruhe. Obwohl Victor nicht mehr da ist, habe ich nicht das Gefühl alleine zu sein.

Ein zahnloser Hirte treibt eine Schafherde

AMBASMESTAS – PEDRAFITA DO CEBREIRO

Pedrafita
do Cebreiro
Ambasmestas

Immer schön den Teller leer essen, sonst setzt es was!

Es ist Mittag und ich liege nahe einer Brücke im Gras und döse vor mich hin. Die Sonne scheint gleißend hell, es geht ein leichter Wind und bei 25°C herrscht ideales Radfahrerwetter. Ich lausche dem Plätschern des nahen Baches und denke über meine Reise auf dem Jakobsweg nach. Seit einer Woche bin ich nun mit meinem Mountainbike unterwegs. 550 Kilometer habe ich von Pamplona bis hierher zurückgelegt und bis zu meinem Ziel, der heiligen Stadt Santiago de Compostela im Nordwesten Spaniens, sind es nochmal rund 200 Kilometer.

Alle Probleme und Schwierigkeiten haben sich in Luft aufgelöst. Bis auf 70 Cent Bargeld war ich pleite, denn meine EC-Karte funktionierte an keinem einzigen spanischen Bankomaten. Ich bin immer noch dankbar, Victor getroffen zu haben, der mir mit 400 Euro aushelfen konnte. Hätte ich auch jemandem Geld geliehen, den ich gerade mal ein bis zwei Tage kenne? Zu Beginn meiner Pilgerreise sicher nicht, aber heute ja, denn die Lektion, Vertrauen zu haben, habe ich gründlich auf dieser Pilgerreise gelernt. Auch meinem Fahrrad vertraue ich jetzt wieder, obwohl es in Léon geschweißt werden musste. Als kurz vor Sahagún nämlich das Oberrohr an der Sattelstütze durchbrach, war ich völlig verzweifelt, denn ohne Geld mit einem kaputten Fahrrad mitten in der spanischen Pampa im Regen zu stehen, war zweifelsohne sehr deprimierend.

Man sagt, der Jakobsweg spiegelt den Lebensweg des Pilgers wider. Und wenn ich darüber nachdenke, war es bis jetzt auch so. Die erste Etappe auf dem *camino* von Pamplona nach Estella beschreibt meine Geburt. Völlig überanstrengt bin ich plötzlich nach 30 Kilometern - durch wen auch immer - angeschoben worden. Vergleichbar mit einem Baby, das stundenlang kämpfen und sich anstrengen muss, um dann im Geburtskanal in die Welt gedrückt zu werden.

Danach kam meine Jugendzeit, die mehr oder weniger harmonisch verlief. Und dann, genau bei der Hälfte meines Weges auf dem *camino*, passierte dieser katastrophale Rahmenbruch. Setze ich die gefahrenen Kilometer in Relation zu meinen Lebensjahren, bezieht er sich auf das Jahr 1987, als ich 19 Jahre alt war. In diesem Jahr hat sich tatsächlich in meinem wirklichen Leben ein Rahmenbruch abgespielt, der - wie bei meinem Rad - Narben hinterlassen hat. Meine erste große Liebe in einer Diskothek beim Knutschen mit einem Fatzki zu erwischen, war für mich der Weltuntergang. Heute kann ich darüber lachen, aber damals war es die Hölle, ein persönliches Armageddon. Danach habe ich für einige Jahre Hagen verlassen, nicht wegen des Mädchens, sondern aus beruflichen Gründen. Den *camino* habe ich nach dem Rahmenbruch auch verlassen und bin mit dem Zug 140 Kilometer von Sahagún über Léon nach Ponferrada gefahren. Wenn der *camino* tatsächlich meinen Lebensweg widerspiegelt, müsste ich es in der verbleibenden Zeit ohne größere Probleme bis nach Santiago schaffen.

Ich setze mich auf mein Fahrrad und es geht wieder los. Der *camino* führt durch die bäuerlichen Dörfer Vega de Valcarce und Ruitelán. Die Landschaft ist geprägt von

beschaulichen Steinhäusern, Walnussbäumen, Brombeer-
ranken und Farnen. Hinter Ruitelán beginnt ein langer,
sehr steiler Anstieg. An einem idyllischen Berggasthof mache ich eine Pause und lerne einen sehr netten Kanadier
namens John kennen, der mir viel von seiner wochenlan-
gen Fußpilgerzeit erzählt. Nach der Pause führt mich der
Weg durch eine saftiggrüne Bergwelt zu meinem heutigen
Etappenziel Pedrafita do Cebreiro.

Nach fünf Kilometern schweren Bergauffahrens über-
holt mich locker und leicht ein Trupp von fünf Mountain-
bikern, die - wie sich später herausstellt - dem bayrischen
Pilgerverband angehören. Sie haben ein Begleitfahrzeug
dabei, und das macht mich irgendwie wütend. Ich quäle
mich tagein, tagaus mit meinem schweren Gepäck ab und
diese Weicheipilger haben ein Begleitfahrzeug, das ihr Gepäck und zwei Ersatzräder transportiert. Pah, keine Kunst,
so den *camino* zu fahren.

Nach zwölf Kilometern quälender Bergauffahrt mit
einigen Schiebepassagen komme ich völlig entkräftet in
Pedrafita do Cebreiro an. In einer kleinen Pension finde ich
ein Zimmer im dritten Stock. Nach einer anstrengenden
Bergetappe Treppen steigen zu müssen, ist nicht nur un-
dankbar, sondern tut auch höllisch weh. Auch wenn es
unhygienisch ist, lasse ich mich einfach mit meinen ver-
schwitzten Radfahrerklamotten ins Bett fallen und schlafe
sofort ein. Abends um neun wache ich erholt auf und gehe
ins Gemeinschaftsbadezimmer, das sich auf der anderen
Seite des Flures befindet. Ich nehme ein Bad, nicht ohne
die Wanne zuvor mit mehreren Sagrotantüchern zu desinfi-
zieren. Das Bad ist herrlich entspannend und gleich werde
ich noch irgendwo etwas Nettes essen gehen.

Ich finde ein kleines galizisches Restaurant, in dem fast jeder Tisch besetzt ist. Die Kellnerin kommt zu meinem Tisch und versucht mir auf Galizisch zu erklären, was die Küche zu bieten hat. Ich verstehe kein Wort, denn Galizisch ist eine eigenständige Sprache, eine Mischung aus Portugiesisch und Italienisch, die selbst viele Spanier nicht verstehen können. Ich sage zu ihren Vorschlägen einfach nur „si,si" und hoffe, dass sie mir irgendetwas Genießbares servieren wird. Als erster Gang kommt ein großer Salat mit gebratenem Huhn und nachdem ich diesen Riesensalatteller hungrig vertilgt habe, bin ich eigentlich schon satt. Wenig später kommt der Hauptgang und das ist nun wirklich zuviel des Guten. Auf einem riesigen ovalen Teller liegt ein Nackenkotelett vom Grill, das begleitet wird von einem noch größeren Holzfällersteak und einer etwas merkwürdig aussehenden roten Riesenbratwurst, die an beiden Enden durch eine Kordel zusammengehalten wird. Die Beilagen bestehen aus gebackenen Kartoffelecken und einem kleinen gemischten Salat. Zuhause würde dieses Gericht meine komplette fünfköpfige Familie einschließlich Hund satt machen, und ich habe keine Ahnung, wie ich das alles essen soll. Also probiere ich von allem ein bisschen und es stellt sich heraus, dass die Bratwurst das Beste ist, was ich jemals in meinem Leben an Bratwürsten gegessen habe. Trotzdem lasse ich nach wenigen Bissen den Teller stehen, weil ich einfach pappensatt bin.

Wenig später steht die Kellnerin auf der Matte und scheint wissen zu wollen, ob etwas nicht stimmt und warum ich nicht mehr esse. Ich versuche ihr auf Englisch und Deutsch zu erklären, dass das Essen sehr gut ist, ich aber einfach nur satt bin. Sie scheint mit meiner Antwort zufrieden zu sein, obwohl ich den Eindruck habe, dass sie nichts von dem, was ich sage, versteht. Sie geht zurück zum Küchenpass, der direkt an den Gastraum anschließt. Wenig später öffnet sich die Küchentür und ein fülliger, breitschultriger, etwa ein Meter neunzig großer Koch mit einem dicken Oberlippenschnäuzer, der an ein Walross erinnert, betritt den Gastraum. Der Mann sieht wahrlich furchterregend aus, und er wirkt, als sei er auf irgendetwas richtig böse. Er trägt keine klassische Kochkleidung, sondern ist mit einer zu kleinen, weißen Hausfrauenschürze bekleidet, die ihn etwas lächerlich aussehen lässt. Herr Walross steuert geradewegs auf meinen Tisch zu und mir schwant Böses. Als er meinen Tisch erreicht, beginnt er in Galizisch auf mich einzureden und wird dabei immer aggressiver und lauter. Schließlich beschimpft er mich nur noch, aber ich verstehe kein Wort von dem Ganzen. Herr Walross ist offenbar zutiefst beleidigt. Mittlerweile schauen alle Gäste des Restaurants mehr oder weniger amüsiert zu meinem Tisch und ich merke, wie mein Kopf rot wird. Langsam bekomme ich Angst, dass Herr Walross mich gleich schlägt, und so beginne ich, ihm auf Englisch zu versichern, dass sein Essen das Beste ist, was ich bisher auf dem gesamten *camino* vorgesetzt bekommen habe. Er scheint ein wenig Englisch zu verstehen und zunehmend beruhigt er sich wieder. Nachdem ich die Rechnung von nur zwölf Euro - inklusive zwei Gläsern Wein - bezahlt habe, mache ich mich auf den Heimweg.

In einem Berggasthof mit John aus Kanada

Das Einzige, was man im Leben hat, ist der Augenblick.

Lebe im Hier und Jetzt!

Morgens sind die Berge und das gesamte Örtchen Pedrafita do Cebreiro in dichten Nebel gehüllt. Es nieselt leicht und der fünf Kilometer lange Aufstieg nach O Cebreiro, einem malerischen Bergdorf, ist nicht so schwer wie erwartet. O Cebreiro, das als Tor zu Galicien bezeichnet wird, besteht aus Steinhäusern, so genannten *pallozas*, die wie zu keltischen Zeiten mit Stroh gedeckt sind. Verbunden sind die Häuser durch schmale, uneben gepflasterte Gassen. Hier sieht es aus, als könnten jeden Moment Asterix und Obelix um die Ecke kommen.

In der präromanischen Dorfkirche Santa Maria la Real bestaune ich einen Kelch, der gemeinhin als der „heilige Gral Galiciens" bezeichnet wird. Der Kelch und der Abendmahlteller sind in einer Vitrine ausgestellt und erinnern an das eucharistische Wunder, das sich im Jahr 1300 hier zugetragen haben soll: Ein frommer Bauer kommt trotz Sturm den Berg hinauf zur heiligen Messe, die ein an Gott zweifelnder Mönch zelebriert. Er macht sich insgeheim lustig über den Bauern. Während der Eucharistie wandeln sich jedoch tatsächlich Brot und Wein in Fleisch und Blut Christi, worauf der Mönch geheilt ist und zu seinem Glauben zurückfindet.

Nachdem ich den heiligen Gral ausgiebig fotografiert habe, begebe ich mich nach draußen und setze mich vor einen Souvenirladen, um ein bisschen auszuruhen.

Der heilige Gral Galiziens

Der Keltendorf O Cebreiro

Der Stausee von Portomarin

Ein riesiger, ungepflegter Wolfshund mit einer Schulterhöhe von fast einem Meter kommt die Straße hinaufgetrottet und bleibt in einem Abstand von ungefähr einem Meter vor mir stehen und fixiert mich. Obwohl ich Hunde liebe und selbst einen Golden Retriever besitze, steigt die Angst in mir hoch. Kurz bleibt dieses Gefühl, um dann aber schnell wieder zu verfliegen, denn schon kommt dieser Irische Riesenwolfshund mit gesenktem Kopf zu mir und reibt sein Ohr an meinem Bein. Schön, denke ich, er will mich nicht fressen, nur schmusen. Nachdem ich seinen wuscheligen Kopf gekrault habe, trottet er wieder von dannen.

Ist es nicht komisch mit der Angst? Ständig hat man Angst vor irgendwas, und im Nachhinein stellt sich heraus, dass sie völlig unbegründet gewesen ist. Als meine Tochter Jule im Januar sehr krank war und aufgrund einer Infektion wochenlang nicht mehr laufen konnte, hatte ich fürchterliche Angst, doch heute springt und läuft sie durch die Gegend wie eh und je. Die Zeit im Krankenhaus war auch deswegen so schlimm, weil ich in ständiger Angst vor der Zukunft gefangen war. Eigentlich entsteht Angst aber doch nur, weil man ständig in der Zukunft lebt und sich Gedanken darüber macht, was für schlimme Sachen passieren könnten. Lebt man einfach nur im Jetzt, entstehen auch keine Ängste bezüglich der Zukunft. Wenn man es genau nimmt, ist das Leben nichts anderes als eine Aneinanderreihung von Augenblicken. Die Vergangenheit und Zukunft existieren nur im Kopf. Tatsächlich ist das Einzige, was jeder Mensch im Leben hat, der jeweilige Augenblick.

Es geht weiter durch grünes, hügeliges Gebirgsland, und der nächste Anstieg zum Poio-Pass lässt nicht lange auf sich warten. Von hier oben soll man unter normalen Umständen eine grandiose Fernsicht genießen können, doch alles liegt im dichten Nebel verborgen. Am Poio-Pass gibt es eine kleine, urige Dorfgaststätte, an der ich einen anderen Radpilger treffe, der genau wie die Weicheipilger vom bayrischen Pilgerverband ohne Gepäck auf einem sehr teuren, superschönen Mountainbike unterwegs ist. Wir kommen ins Gespräch, und ich bewundere ausgiebig sein Rad. Der Mann ist um die sechzig Jahre alt, spindeldürr und absolut durchtrainiert. Er spricht Englisch mit einem komischen Akzent, aber ich kann nicht erraten, aus welchem Land er kommt. Er erzählt mir, dass er jeden Tag mindestens einhundert Kilometer zurücklegt und erst vor sechs Tagen in den Pyrenäen gestartet ist. Nach unserem Gespräch ruft er mit seinem Handy den Fahrer seines Begleitfahrzeugs an, da er wohl irgendetwas aus dem Wagen braucht. Wenig später trifft eine rote Mercedes A-Klasse ein, auf dessen Heckgepäckträger ein zweites Ersatz-Hightech-Mountainbike montiert ist. Sehr beeindruckend.

Okay, ich gebe es zu: ich bin neidisch. Was würde ich darum geben, nur einmal fünfzig Kilometer ohne meinen schweren Rucksack fahren zu können. Trotzdem, ohne Gepäck mit Begleitfahrzeug zu fahren, ist und bleibt für mich Weicheipilgerei. Basta!

Hinter Fonfría hat das Bergauffahren ein Ende, und es geht viele Kilometer nur bergab. In Samos mache ich halt am Benediktinerkloster San Julián. Es ist ein markanter Komplex, der wie eine Festung wirkt und zu den ältesten Abteien Spaniens gehört. Umrahmt wird das Kloster von schmuckvollen Eisengittern mit Jakobsmuschelmotiven.

Die steile Bergwelt gehört nun der Vergangenheit an, und in den Nachmittagsstunden erreiche ich nach einer langen, rasanten Abfahrt den Ort Portomarín, der an einem künstlichen, herrlich blauen Stausee liegt. Das ursprüngliche Portomarín ist Mitte der 1950er Jahre diesem Stausee zum Opfer gefallen, und das 3000-Einwohner-Städtchen wurde 1962 neu errichtet. Als ich über die Brücke fahre, versuche ich, das alte Dorf in den Fluten zu erspähen, doch mein Radführer behält Recht, denn dieses gespenstische Bild ist nur bei niedrigem Wasserstand zu sehen.

Nachdem ich eine Pension gefunden habe, starte ich eine Großwaschaktion im Bad. Die Farbe des Wassers in der Badewanne wechselt in kürzester Zeit von klar nach .... Nein, nein, auf die Beschreibung des Wasserzustandes nach der Waschaktion werde ich jetzt aus Selbstschutz lieber verzichten.

Abends rufe ich meinen Bruder Markus in Hagen an und erzähle ihm von meiner Reise auf dem Jakobsweg. Man sagt, jeder Pilger bekommt in Santiago den Empfang, den er verdient hat, und so teile ich ihm scherzhaft mit, dass nach meinem Rahmenbruch und den anderen überstandenen Schwierigkeiten normalerweise in Santiago die Glocken läuten und die Menschen applaudieren müssten, wenn ich dort ankomme. Er geht nicht weiter darauf ein und berichtet mir, dass in Hagen - bis auf das Wetter - alles in bester Ordnung sei.

Beim Abendessen vor einer kleinen Bar treffe ich auf drei Pilger aus dem Saarland, die viel von ihren Reisen, unter anderem nach Tibet, erzählen. Es wird sehr spät, denn es ist ein wundervoller Abend.

Portomarin – Melide - Arzúa

Donnerstag, 17. Mai 2007

Zeige nie mit dem Finger auf andere Menschen, denn wenn du das tust, zeigen drei Finger auf dich selbst!

Seit zehn Tagen bin ich mit meinem Mountainbike auf dem *camino* nach Santiago de Compostela unterwegs. Noch zwei Tage, und ich habe es geschafft. Bis zu meinem Ziel, der heiligen Stadt Santiago de Compostela, sind es noch ungefähr einhundert Kilometer. Wenn nichts Gravierendes mehr passiert, werde ich morgen in Santiago eintreffen. Und ich werde dort eintreffen, selbst wenn ich mein Fahrrad auf dem Boden kriechend hinter mir her schleifen muss!

Jeden Tag muss ich aufs Neue meinen inneren Schweinehund überwinden. Täglich mit dem Fahrrad sechzig bis neunzig Kilometer zu fahren ist nun mal sehr anstrengend - vor allem, wenn man körperlich nicht besonders fit ist und sich - wie ich - im Vorstadium zur Adipositas (medizinischer Ausdruck für Fettleibigkeit) befindet. Ich bin gespannt, was die Waage anzeigt, wenn ich wieder zu Hause bin. Mein Gefühl sagt mir, dass ich bestimmt schon fünf bis zehn Kilo während meines *caminos* abgenommen habe.

Es ist acht Uhr morgens und ich sitze in einer kleinen Bar und genieße bei einer großen Tasse café con leche den Blick auf das 3000-Einwohner-Städtchen Portomarín, das an einem tiefblauen Stausee liegt.

Ich verspüre ein leichtes Hungergefühl, doch mit den spanischen Frühstücksgewohnheiten konnte ich mich während meiner gesamten Fahrradreise, nie anfreunden.

Hier in Nordspanien halten es die Einheimischen ähnlich wie die Franzosen. Das Frühstücksangebot beschränkt sich in der Regel auf etwas Marmelade, dazu dröge, in Folie eingeschweißte Kekse und Weißbrot mit harter Kruste. Das ist so gar nicht mein Fall. Ich freue mich schon auf ein ordentliches Hagener Frühstück mit Rührei und viel westfälischem Schinkenspeck. Bekomme ich etwa Heimweh? Ja, vor allem, weil heute Vatertag ist und ich meine Familie sehr vermisse. Die erste Glückwunsch-SMS habe ich gerade bekommen: „Alles Liebe zum Vatertag. Dein Fanclub." Ich freue mich sehr über diese Kurznachricht, bin aber auch ein wenig traurig, denn normalerweise würden meine Frau und ich heute mit den drei Kindern und ein paar Freunden - wie jedes Jahr am Vatertag - durch die Selbecker Wälder zum Kuhfeld wandern und viel Spaß haben.

Es wird langsam Zeit aufzubrechen. Ich gehe zurück zu meiner Herberge, packe meine Sachen zusammen und verstaue sie in meinem Rucksack. Mit diesem über zehn Kilo schweren Ungetüm quäle ich mich tagtäglich ab. Das wasserdichte, schwarze Ding steht auf dem Boden und sieht eigentlich ganz unschuldig und harmlos aus. Doch schon nach wenigen Kilometern auf dem Rad fühlt sich dieser Rucksack an, als ob man wie Obelix einen Hinkelstein auf dem Rücken trägt. Obwohl es bescheuert ist, mit seinem Rucksack zu sprechen, sage ich zu ihm: „Ich hasse dich!" und wuchte ihn auf meinen Rücken. Mit Satteltaschen zu fahren wäre um einiges leichter, aber an mein voll gefedertes Mountainbike kann nur ein wenig belastbarer, frei schwebender Spezialgepäckträger montiert werden.

Als ich mein Fahrrad aus dem Unterstand hole, sehe ich, wie vier andere Radpilger, alle in einheitliche blaue Radtrikots gekleidet, ihr Gepäck in ein Begleitfahrzeug packen, das auf dem Dach zwei Ersatzräder transportiert. Das ist jetzt schon das dritte Mal, dass ich Radpilger sehe, die mit einem Begleitfahrzeug unterwegs sind. Mich macht das so wütend. Was hat das mit ernsthaftem Pilgern zu tun? Zum Pilgern gehören Leiden, Schmerzen, Anstrengung und Schweiß. Wie soll man zu sich selbst finden, wenn man es sich so bequem macht wie diese Weicheipilger? Als ich mit meinem schweren Rucksack auf dem Rücken losfahre, beginne ich, mich richtig in meine Wut auf die Weicheipilgerluschenlappen reinzusteigern.

Kaum habe ich den *camino* erreicht, bekomme ich ihn gnadenlos vor mein Gesicht gehalten: den Spiegel der Selbsterkenntnis. Nach der ersten, nicht einsehbaren Kurve muss ich eine gebrechliche, alte Frau überholen. Sie ist ganz in schwarz gekleidet und trägt ein Kopftuch, unter dem ihre silbernen Haare hervorschauen, die zu einem Knoten zusammengesteckt sind. Sie muss mindestens achtzig bis neunzig Jahre alt sein und stützt sich gebeugt, als würde sie eine schwere Last tragen, auf einen Krückstock. Auf dem Rücken trägt sie einen kleinen Mini-Nylonrucksack, an dem das Zeichen der Pilger, die Jakobsmuschel, befestigt ist. Sie geht sehr langsam, mit kurzen Schritten und als ich an ihr vorbeifahre, schaue ich kurz in ihr Gesicht, das sehr traurig und leidend aussieht. Wenn diese alte, gebrechliche Frau die verbleibenden, fast einhundert Kilometer zu Fuß schafft, hat sie mit Sicherheit ein Vielfaches der Strapazen durchgemacht, die ich durchlebt habe. Obwohl ich mir sicher bin, dass sie mich gar nicht wahrnimmt, überlege ich, was diese alte, ehr-

Zum Pilgern gehören Leiden, Schmerzen, Anstrengung und Schweiß

würdige Frau über mich denken könnte. Vielleicht würde sie wütend auf mich werden und meinen: „Was rast dieser Jungspund hier mit seinem Luxus-Mountainbike über den *camino*? Warum läuft der nicht? Hat der keine Füße? Ich plage mich in meinem Alter zu Fuß ab und dieser junge Kerl pilgert mit einem Fahrrad. Warum nimmt der nicht gleich ein Motorrad? Diese jungen Männer von heute sind allesamt Waschlappen!"

Durch die Begegnung mit der alten Frau wird mir bewusst, dass ich überhaupt kein Recht dazu habe, andere Pilger zu verurteilen - egal, ob sie mit Begleitfahrzeug unterwegs sind oder nicht. Ich muss an den Bibelvers aus dem Mattäus-Evangelium denken, worin Jesus sagt: „Richtet nicht, auf dass ihr nicht gerichtet werdet. Denn mit welcherlei Gewicht ihr richtet, werdet ihr gerichtet werden. Und mit welcherlei Maß ihr messet, wird euch gemessen werden." Der tiefere Sinn dieses Grundsatzes ist mir soeben bewusst geworden.

Während ich den *camino* entlangradele, muss ich über die alte Frau nachdenken. Warum nur nimmt eine so alte, gebrechliche Frau diesen strapaziösen Weg auf sich? Vielleicht pilgert sie auf dem Jakobsweg, um Abschied zu nehmen von ihrem Ehemann oder einem anderen Familienmitglied, das gestorben ist. Vielleicht möchte sie aber auch an ihrem Lebensabend etwas für ihr Heil tun: für das Heil im Diesseits und auch im Hinblick auf das Jenseits. Wenn man so alt ist, wie diese Frau, denkt man sicher oft an den Tod. Ob es wohl ein Leben nach dem Tod gibt? Vielleicht begreifen wir Menschen das Leben gar nicht richtig. Es könnte ja auch so sein, wie in der Geschichte von den ungeborenen Zwillingsbrüdern, die sich im Bauch der Mutter unterhalten.

„Sag mal, glaubst Du eigentlich an ein Leben nach der Geburt?" fragt der eine Zwilling. „Ja, bestimmt gibt es ein Leben danach! Wir werden hier groß, wachsen und entwickeln uns, und nach der Geburt gibt es ein neues Leben, das bestimmt anders sein wird als hier drinnen", antwortet der andere. „Ich glaube, das ist Blödsinn!", sagt der erste. „Es gibt kein Leben nach der Geburt, und das deprimiert mich völlig. Manchmal bin ich total verzweifelt, weil ich nicht weiß, warum ich hier mit dir in dieser dunklen Höhle sitze. Unser Leben ist total langweilig und hat überhaupt keinen Sinn. Manchmal wünsche ich mir, dass ich sterbe. Warum soll ich auch bis zur Geburt warten? Weißt du, manchmal, wenn du schläfst und ich einsam bin, denke ich sogar daran, mich umzubringen, damit dieses öde Dasein ein Ende hat. Glaubst du denn wirklich, dass es ein Leben nach der Geburt gibt? Wie soll das denn bitteschön funktionieren?"

„So genau weiß ich das auch nicht. Ich wünsche mir nur, dass es nicht mehr so dunkel ist. Ich bin mir sicher, dass du ganz viel Schönes verpassen würdest, wenn du dich jetzt umbringst. Und vielleicht kommst du dann gar nicht in das Leben, das uns nach der Geburt erwartet. Ich denke, dass wir nach der Geburt Licht sehen werden - und es wird hell sein. Vielleicht werden wir mit unseren Beinen herumlaufen und mit dem Mund essen." „Was erzählst du nur für einen Unsinn. Wir essen nicht mit dem Mund. Komm mir bloß nicht mit so einem Quatsch. Wir hängen an der Nabelschnur, und die ernährt uns. Und wenn bei der Geburt die Nabelschnur zerreißt, werden wir sterben und elendig verhungern. Und wie soll das mit dem Laufen funktionieren? Selbst wenn bei der Geburt die Nabelschnur nicht reißt, wäre sie viel zu kurz, um herumlaufen zu können!"

„Ich glaube trotzdem daran, dass es geht. Ganz bestimmt! Es wird sich eben vieles verändern."

„Du spinnst! Noch nie ist einer nach seiner Geburt zurückgekommen. Nach der Geburt ist unser Leben zu Ende. Todsicher!"

„In Ordnung, ich gebe zu, dass niemand weiß, wie das Leben nach der Geburt aussehen wird. Aber ich bin davon überzeugt, dass wir im Leben nach unserer Geburt die große Mutter sehen werden, und sie wird für uns sorgen und uns lieben. Sie liebt uns jetzt schon, das fühle ich"

„Große Mutter??? Was für eine große Mutter? Du glaubst doch wohl nicht im Ernst an eine große Mutter? Wo ist sie denn bitte? Warum hilft sie mir nicht, wenn du mir in die Rippen trittst und mich ärgerst? Wenn sie wirklich da wäre, warum kommt sie dann nicht vorbei und zeigt sich? Ich glaube nur an das, was ich sehe."

„Ich fühle aber, dass sie hier ist! Sie ist immer da. Überall um uns herum. Wir sind und leben in ihr und durch sie. Ohne sie könnten wir gar nicht leben!"

„Blödsinn! Von einer großen Mutter habe ich nie etwas bemerkt. Ich werde es dir beweisen. Ich werde jetzt ganz böse sein, vor die Wände unserer Welt treten und in die harten Dinger da drüben boxen. Dann müsste sie doch kommen und sich zeigen. Aber sie wird sowieso nicht kommen, also gibt es sie auch nicht!"

„Doch, manchmal, wenn wir ganz leise sind, kannst du sie singen hören. Oder spüren, wenn sie unsere Welt streichelt! Und ich fühle sogar, dass sie uns liebt, nur weil wir da sind. Und selbst wenn du noch so böse bist, sie wird dich trotzdem bedingungslos lieben."

Vielleicht ist es mit Gott und unserem Leben genauso. Vielleicht beginnt nach dem Tod etwas Neues. Vielleicht ist es gar nicht wichtig, dass man sich nach dem Tod an sein jetziges Leben erinnern kann, genauso wie sich kein Mensch an die Zeit im Bauch der Mutter erinnern kann.

In Gedanken versunken fahre ich durch ein ländliches Gebiet mit Wiesen, Farnen und Eukalyptuswäldchen in Richtung Palas de Rei. Im Mittelalter war Palas de Rei dafür bekannt, dass die Dienstmädchen der Herbergen gegen Bares in die Pritschen der Pilger schlüpften. Ansonsten kann man von diesem Städtchen nicht viel berichten. Außer dem Portal der Kirche San Tirso gibt es keine Sehenswürdigkeiten, so lasse ich diesen langweiligen Ort schnell hinter mir. Und fahre weiter durch Maisfelder, Wiesen und Eukalyptushaine.

Es ist ein ständiges Auf und Ab, und nach jeder kleinen Abfahrt kommt sogleich der nächste zu erklimmende Hügel. Als ich einen Fußpilger überhole, der ohne Rucksack, aber dafür mit einem Einkaufstrolley unterwegs ist, muss ich mich kringeln vor Lachen. Dieser Mann ist doch tatsächlich mit einem rotkarierten Einkaufsroller unterwegs. Er zieht ihn mühsam hinter sich her und muss alle paar Minuten zwischen linkem und rechtem Arm wechseln. In der Regel benutzen ältere Menschen diese Dinger zum Einkaufen. Das geht ja gar nicht! Man kann den *camino* doch nicht mit einem Trolley laufen. Halt, stop, ich will mich nicht schon wieder zum Bewerten anderer Pilger hinreißen lassen, fange aber trotzdem immer wieder an zu lachen, wenn ich an diesen rotkarierten Hackenporsche denke. Zwei Tage später wird dieser Mann in einer Runde mit anderen Pilgern Tischgespräch sein. Der Einkaufstrolley-Pilger muss wohl so dermaßen laut schnarchen, dass einige

Pilger die *refugios* erst einmal nach einem Hackenporsche untersuchen, bevor sie entscheiden, ob sie weitergehen oder bleiben.

Hinter Melide weht mir der herrlich frische Duft von Eukalyptus um die Nase und nach einer rasanten Abfahrt ins Tal des Río Boente nehme ich ein Zimmer in der einladenden, schicken Pension Casa Milia, die sich kurz vor Arzúa in A Portela-Castañeda befindet. In dieser Region sollen jene Öfen gestanden haben, in denen der Kalk für den Kathedralbau von Santiago de Compostela gebrannt wurde.

Nach meinem Feierabendbierchen bekomme ich ein Abendessen, das seinesgleichen sucht. Die überaus nette Pensionswirtin serviert leckere, hausgemachte Spezialitäten der Region, und selbst der bemerkenswerte Rotwein ist hausgekeltert. Vor dem Einschlafen überkommt mich eine leichte Traurigkeit und Melancholie, denn morgen wird meine Reise auf dem Jakobsweg zu Ende gehen.

Das Zimmer in der Pension Casa Milia

Arzúa – Monte do Gozo – Santiago de Compostela

Freitag, 18. Mai 2007

Santiago de Compostela — Lavacolla — Monte do Gozo — Arzúa

Luxus macht manchmal einsam

Dieser letzte Tag meiner Pilgerreise beginnt mit einer großen Überraschung: Die Wirtin des Casa Milia serviert ein tolles Frühstück mit Käse, Schinken, Salami, Obst und frischem Brot. Na bitte, geht doch! Allerdings bin ich nach dem Frühstück so satt, dass ich mich am liebsten gleich wieder ins Bett legen möchte.

Heute ist der große Tag: Meine Ankunft in der heiligen Stadt Santiago de Compostela steht bevor. Nur noch vierzig Kilometer, und es ist vollbracht. Man sagt, jeder Pilger erhält in Santiago de Compostela den Empfang, den er verdient hat. Meinem Bruder habe ich in einem Telefonat scherzhaft mitgeteilt, dass nach meinem Rahmenbruch und den anderen überstandenen Schwierigkeiten normalerweise in Santiago die Glocken läuten und die Menschen applaudieren müssten, wenn ich dort ankomme. Auf der einen Seite bin ich freudig gespannt auf die Ankunft, auf der anderen Seite ein wenig traurig, dass meine Reise nun bald zu Ende geht.

Die Fahrt beginnt mit einem stetigen Auf und Ab durch Galiciens grüne Hügel. Langgezogene Anstiege durch Eukalyptushaine, die wunderbar duften, wechseln sich ab mit teils rasanten Abfahrten. Der Pilgerstrom nach Santiago ist gewaltig. Hunderte Pilger muss ich auf den letzten Kilometern nach Santiago überholen und mehrfach weiche ich auf die Straße aus, denn einen Zusammenstoß mit einem Fußpilger möchte ich zum Ende meiner Reise nicht riskieren. Wo bleibt eigentlich die Stadt, auf die ich so lange hingestrampelt bin? Die Umgebung verändert sich kaum: Alles ist grün, es geht durch kleine Wäldchen und

Die Wirtin des Casa Milia

Monte do Gozo - Berg der Freude

Haine, und alle paar Kilometer gönne ich mir eine Pause, um diesen letzten Tag auf dem Jakobsweg noch einmal richtig zu genießen.

Wenige Kilometer vor Santiago geht es über einen Nebenweg zum Monte do Gozo, dem „Berg der Freude". Seinen Namen hat dieser Berg bekommen, weil die Pilger von hier aus zum ersten Mal das Ziel der Reise, die Kathedrale von Santiago de Compostela, sehen können. Ich fahre hinauf zum riesigen, modernen Pilgerdenkmal, das an den Besuch von Papst Johannes Paul II. im Jahr 1982 erinnert. Ich schaue hinunter ins Tal und sehe zum ersten Mal Santiago de Compostela. Das Gefühl des Angekommen-Seins ist überwältigend.

Auf einer Bank ruhe ich aus und höre einer kleinen Schar deutscher Pilger zu, die das Lied der Pilger, die Ultreia, singen. Als ich dem leisen Gesang zuhöre, wird mir ganz warm ums Herz, und Traurigkeit und Melancholie wechseln sich mit der Freude über meine bevorstehende Ankunft in der heiligen Stadt ab.

Heute ist es sehr diesig und ich versuche vergeblich, die Kathedrale in dem Häusermeer Santiagos zu entdecken. Irgendwann gebe ich es auf und als ich mich umdrehe, um zu meinem Fahrrad zurück zu gehen, mache ich eine Entdeckung, die viel schöner ist, als die Kathedrale zu sehen: Als ich zu meinem Fahrrad zurückgehen will, schaue ich zu einer flachen Mauer, auf der eine Person liegt. Freude steigt in mir hoch, denn es ist mein lieber Freund Victor, der entspannt auf dem Vorsprung liegt und in der schwachen Sonne döst.

Ultreia – Das Lied der Pilger

An jedem Morgen da treibt's uns hinaus,
An jedem Morgen da heißt es: Weiter!
Und Tag um Tag, da klingt der Weg so hell:
Es ruft die Stimme von Compostell'.
Ultreia, Ultreia
E sus eia. Deus, adjuva nos!

Der Weg auf Erde und der Weg des Glaubens –
Aus ganz Europa führt die Spur schon tausend Jahr'
Zum Sternenweg des Charlemagne:
Das ist, ihr Brüder, unser Weg fürwahr.
Ultreia, Ultreia
E sus eia. Deus, adjuva nos!

Und ganz dahinten, am Ende der Welt,
Der Herr Jakobus erwartet uns sehr!
Seit ew'ger Zeit sein Lächeln ganz fest hält
die Sonne, wie sie sinkt in Finistère.
Ultreia, Ultreia
E sus eia. Deus, adjuva nos!

Als ich mich ihm nähere, schaut er hoch und freut sich genauso wie ich, dass wir uns hier am Berg der Freude wiedersehen. Wir plaudern ein wenig und brechen nach kurzer Zeit auf, denn wir sind beide voller unruhiger Spannung: Wir wollen endlich ankommen in der heiligen Stadt.

Am Johannes-Paul-Monument lege ich in eine der steinernen Taschen, die in das Denkmal eingearbeitet sind, drei kleine und zwei große Kieselsteine - für meine Kinder, meine Frau und mich - und verbinde dieses Ritual mit einem kurzem Gebet, das eigentlich eine Danksagung an meinen Schutzengel ist, der mich auf dem gesamten Weg begleitet hat. Früher habe ich an Gott, Schutzengel und andere spirituelle Wesen überhaupt nicht geglaubt, doch der Jakobsweg hat vieles in mir verändert. Auf dem Weg habe ich gelernt, meiner inneren Stimme zu vertrauen, und in mir hat sich immer mehr das Gefühl verstärkt, dass es sich bei diesen Eingebungen nicht um meine eigene Intuition, sondern um eine fremde, aber doch völlig vertraute Stimme handelte. Irgendjemand hat mich auf diesem Weg begleitet und geführt - und selbst wenn ich stundenlang allein war, war ich es doch nicht. Der Weg bringt dich zu dir selbst und das Alleinsein verbindet dich mit allem.

Vom Monte de Gozo geht es rasant steil bergab. Victor fährt voraus und nach wenigen Kilometern kann man schon von weitem das Ortseingangsschild Santiagos sehen. Victor schießt daran vorbei, doch ich bleibe kurz vor dem Schild stehen und rufe meine Frau an. Sie soll dabei sein, wenn ich in Santiago ankomme, und so rolle ich langsam mit dem Handy am Ohr kurz vor vierzehn Uhr in Santiago ein.

Am linken Straßenrand befindet sich kurz nach dem Ortseingangsschild eine kleines Café, und eine Gruppe von jungen Männern steht applaudierend auf, als ich auf der Straße an ihnen vorbeifahre. In der Ferne höre ich Glockengeläut. Jetzt bekomme ich also tatsächlich den Empfang in Santiago de Compostela, den ich mir aus Spaß gewünscht habe, als ich meinem Bruder erzählte, bei meiner Ankunft müssten die Glocken läuten und die Menschen applaudieren. Na bitte, das ist doch mal was!

Der Weg zur Kathedrale zieht sich, und Victor und ich müssen im Großstadtverkehr höllisch aufpassen, damit nicht noch auf den letzten Metern ein Unfall passiert.

Als wir schließlich auf dem Vorplatz der Kathedrale, der *praza do obradoiro*, ankommen, erfüllt mich ein tiefes Glücksgefühl. Ich habe das Ziel erreicht, auch wenn eigentlich der *camino* selbst das Ziel war. Nachdem wir ausgiebig die Kathedrale fotografiert haben, gehen wir eine Kleinigkeit essen und holen uns dann im offiziellen Pilgerbüro unsere *compostela* ab. Der Vorgang geht recht schnell, denn es sind nur wenige Pilger zeitgleich mit uns angekommen.

Im Pilgerbüro besteht auch die Möglichkeit, eine Zimmerreservierung vorzunehmen, und so bucht Victor sich in einer Pension ein. Nach zwei Wochen in Pilgerherbergen, kleinen Gasthöfen und Pensionen muss es für mich jetzt etwas Luxus sein. Ich reserviere ein Zimmer für zwei Nächte in einem Vier-Sterne-Stadthotel der gehobenen Kategorie und freue mich wie ein kleines Kind auf ein großes Bett und eine saubere Badewanne.

Nach der Buchung verabschiede ich mich von Victor und wir wünschen uns gegenseitig alles Gute, verbunden mit dem Versprechen, dass wir uns gegenseitig nicht aus den Augen verlieren. Ich mache mich auf den Weg ins Hotel und nach kurzer Fahrt durch Santiago erreiche ich es ohne lange suchen zu müssen. Das Zimmer ist toll ausgestattet - Luxus pur: ein sauberes, großes Queen-Size-Bett, Minibar, Fernseher und ein großes Badezimmer mit herrlich einladender Badewanne.

Nach einem entspannenden Bad setze ich mich zum ersten Mal nach zwei Wochen ohne meinen schweren Rucksack auf mein Rad. Ein traumhaftes Gefühl, ohne Gepäck zu fahren. Santiago ist eine wunderschöne Stadt mit vielen Sehenswürdigkeiten, außerdem zählt sie zum Unesco-Weltkulturerbe. Mich zieht es als erstes zur Kathedrale. Eine Sache fehlt nämlich noch, um meine Pilgerreise abzuschließen: die Umarmung der Jakobusstatue, die sich in der Kathedrale über seinem Grab befindet. Als ich den *praza do obradoiro* erreiche, fällt mir eine Gruppe von sechs Fußpilgern auf, die gerade angekommen sind. Sie kriegen sich kaum ein vor Freude und weinen vor Glück, angekommen zu sein. Mein Fahrrad stelle ich an einer Mauer ab; und über einen doppelten Treppenaufgang führt mein Weg ins Innere der Kathedrale.

Gegen Ende des 9. Jahrhunderts stand über dem Grab des Apostels Jakobus eine kleine Kirche, die nichts mit dem heutigen Prachtbau gemeinsam hat. Die barocke Fassade mit den beiden markanten Zwillingstürmen wurde im 18. Jahrhundert errichtet und verdeckt die ursprüngliche romanische Fassade mit dem *pórtico de la gloria*, durch die ich jetzt andachtsvoll schreite. Diese Kirche ist anders als alle anderen, die ich bis jetzt besucht habe. Im Inneren strahlt sie Lebensfreude aus, und ein tiefes Glücksgefühl verbunden mit Ehrfurcht erfasst mich. Vor allem liegt das an der überlebensgroßen Statue des Jakobus, die sich hoch oben hinter dem Altar befindet. Der Altar wird geschmückt von einem vergoldeten Baldachin. Darunter befindet sich die Jakobusgruft mit einem silbernen Schrein, der die Reliquien enthält, darunter ein auf das Jahr 874 datiertes goldenes Kruzifix, das einen Splitter des Kreuzes Christi beinhalten soll.

In einer langen Schlange warten die Menschen darauf, zur Jakobusfigur hinauf zu steigen, um diese dann von hinten zu umarmen. Hiermit beendet man seine Pilgerreise und wird von seinen Sünden befreit. Als ich nach vielleicht zwanzig Minuten Wartezeit endlich an der Reihe bin, mur-

melt mir ein Priester, der schläfrig neben der Statue sitzt, etwas zu, was ich allerdings nicht verstehen kann. Als ich schließlich den heiligen Jakobus umarme, bedanke ich mich im Geiste für den Schutz und die Hilfe, die ich auf meiner Pilgerreise erfahren habe. Gleichzeitig danke ich für die Gesundung meiner kleinen Tochter, die am Anfang des Jahres einige Wochen sehr krank gewesen ist.

Zum Schrein des Jakobus führt eine kleine Kellertreppe. Die vielen Menschen halten kurz vor dem Schrein an, bekreuzigen sich und gehen dann rasch weiter. Mich bewegt es sehr, am Grab eines Jüngers Jesu Christi zu stehen, und ich nehme für einige Minuten Platz auf einer kleinen, steinernen Bank, die in dem kleinen Vorraum steht. Nachdem ich ein Gebet gesprochen habe, verlasse ich den Raum wieder.

Ich suche mir einen Platz in einer der langen Bankreihen. Die Kirche ist schon sehr voll, denn in Kürze beginnt die tägliche Pilgermesse. Eine Nonne tritt dann auch wenig später vor den Altar, begrüßt die Anwesenden und die neu angekommenen Pilger, indem sie vorliest, wie viele Menschen aus welchen Ländern der Erde heute in Santiago eingetroffen sind. Danach beginnt sie mit einem herrlichen Gesang und übt zusammen mit der Gemeinde einige Lieder ein. Die Messe beginnt, doch inhaltlich verstehe ich nichts, denn meine Spanischkenntnisse sind viel zu schlecht, beziehungsweise gar nicht vorhanden. Und so schaue ich mich in der Kathedrale um, betrachte die Menschen und das Innere der Kirche. Unweit von mir sitzen zwei Mönche, die in Jute gekleidet sind, je einen kleinen Pilgerrucksack bei sich haben und barfuß der Messe lauschen. Ob sie wohl den *camino* ohne Schuhe gelaufen

Santiago

Das Gefühl des Ankommen-Seins ist überwältigend

sind? Das wäre tatsächlich eine große Leistung, denn fast alle Fußpilger, die ich getroffen habe, haben über Blasen und Gelenkschmerzen mehr als geklagt.

Nach der Messe gehe ich noch eine Kleinigkeit essen, um dann schnell zurück ins Hotel zu fahren. Ich bin hundemüde. Im Hotel angekommen, kuschele ich mich in mein schönes großes Queen-Size-Bett und telefoniere mit meiner Frau, die froh ist, dass ich bald wieder zu Hause sein werde. Danach zappe ich durch das Programm. SAT1 ist der einzige deutsche Sender, den ich empfangen kann. Irgendwie nervt mich das Programm - wenn man lange kein Fernsehen geschaut hat, fällt einem richtig auf, wie laut, grell und blöd es sein kann.

Außerdem bin ich einsam hier in diesem Luxuszimmer. Am liebsten würde ich wieder auschecken und in einer Pilgerherberge übernachten. So viele nette Leute habe ich auf meiner Reise kennengelernt, und in den Herbergen hatte man wenigstens immer jemanden zum Quatschen.

Nach einer Weile falle ich in einen unruhigen Schlaf mit vielen Alpträumen.

Santiago de Compostela

Samstag, 19. Mai 2007

Manchmal werden auch unerfüllbare Wünsche wahr

Die Nacht war fürchterlich. Ich bin fast jede Stunde aufgewacht und verschiedene Alpträume haben mich geplagt. Völlig gerädert stehe ich schon um 7.00 Uhr auf und nach einer Dusche begebe ich mich in den Frühstücksraum. Hier gibt es zum Glück alles, was mein Frühstücksherz begehrt. Sogar eine deutsche Zeitung liegt bereit, die ich während des Essens interessiert lese.

Heute mache ich mal einen richtig schönen Einkaufsbummeltag. Mein Fahrrad werde ich im Hotel lassen, denn ich muss unbedingt für meine Frau und die drei Kinder Mitbringsel besorgen. Das Rad würde beim Bummeln nur stören. Nach dem Frühstück mache ich mich also auf den Weg in die Innenstadt. Die Straßen sind sehr belebt, aber es ist trotzdem sehr angenehm durch die schmalen Gassen zu schlendern. Eine Blaskapelle zieht durch die kleinen Straßen und überall sind Pilger unterwegs, die man leicht an ihren Rucksäcken erkennen kann. Santiagos Innenstadt ist übersät mit Souvenirläden. Allerdings gibt es überall nur immer dieselben, teilweise sehr kitschigen Pilgerandenken zu kaufen. Trotzdem finde ich verschiedene schöne Dinge für meine Lieben zu Hause. In einem Spezialitätengeschäft kaufe ich diverse Leckereien der Region für das erste gemeinsame Abendessen mit meiner Frau. Nach dem Mittagessen zieht es mich wieder zur Kathedrale.

Das Museum der Kathedrale ist geöffnet und so besichtige ich die vielen Räume, in denen wertvolle Kunstwerke zu bestaunen sind. Besonders beeindruckend sind eine Sammlung von wertvollen, flämischen Wandteppichen sowie ein Raum, in dem wunderschöner historischer Schmuck präsentiert wird. Es ist schon sehr verblüffend: Im letzten Saal, den ich betrete, befindet sich eine Sammlung von Münzen aus vielen Jahrhunderten. Und so endet meine Pilgerfahrt mit dem Thema, mit dem ich mich die letzten drei Jahre intensiv beschäftigt habe: dem Geldthema. Es scheint tatsächlich so zu sein: Eine Reise auf dem Jakobsweg spiegelt den Lebensweg des Pilgers wieder.

Ich betrachte die vielen Münzen und bestaune besonders die einseitig geprägten aus dem frühen Mittelalter. In dieser Zeit, zwischen 1100 und 1400 n. Chr., funktionierte Geld völlig anders als heute. Es waren dünne, einseitig geprägte Münzen, sogenannte Brakteatentaler im Umlauf. Das Besondere war, dass diese Münzen von Zeit zu Zeit verrufen und ein Schlagschatz einbehalten wurde. Durchschnittlich rief der Münzherr alle umlaufenden Münzen zwei- bis dreimal im Jahre zum Umtausch auf und erhob die Schlagschatzsteuer. Meistens bekam man für vier alte drei neue Münzen. Da niemand wusste, wann genau die Münzen verrufen wurden, war jeder bemüht, sein Geld möglichst rasch wieder auszugeben. Das hatte erhebliche Auswirkungen auf die Umlaufgeschwindigkeit des Geldes und war sicherlich auch ein Grund für die enorme Wirtschaftsblüte dieser Zeit.

In unserer heutigen Zeit liest und hört man es immer öfter: Die Schere zwischen Arm und Reich öffnet sich immer mehr. Das Problem der wachsenden Armut ist jedoch keineswegs eine Problematik, die man nur in Deutschland antrifft. Vielmehr findet diese Entwicklung fast überall auf der Welt gleichermaßen statt. Selbst im heutigen China und Russland profitiert nur ein kleiner Teil der Bevölkerung vom dortigen Wirtschaftsaufschwung. In den ländlichen

Gebieten Chinas ist es sogar so, dass sich viele Bauern in den letzen Jahren mit Pflanzenschutzmitteln vergiftet haben, da sie für sich keine Zukunftsperspektive mehr sahen.

An dieser Stelle möchte ich etwas ausholen und ein wenig über unser Geld- und Wirtschaftssystem erzählen, das meiner Meinung nach überaus ungerecht und fehlkonstruiert ist. Um zu den 100 reichsten Deutschen gezählt zu werden, brauchte man im Jahr 2006 ein Vermögen von mindestens 1 Milliarde, also 1000 Millionen Euro. Im Jahre 2001 genügten noch 600 Millionen, um zu diesem elitären Kreis zu gehören. Das Gesamtvermögen der Deutschen betrug im Jahre 2006 geschätzte 4,2 Billionen Euro. Statistisch verfügt jeder deutsche Haushalt über ein Geldvermögen in Form von Bargeld, Sparguthaben, Wertpapieren, Aktien, Bauspareinlagen und Versicherungsanlagen in Höhe von rund 100.000 Euro.

Doch schaut man sich die tatsächliche Verteilung der Vermögen an, ist das Ergebnis erschütternd. So besitzen in Deutschland die reichsten 10% gut die Hälfte des Vermögens, die ärmeren 50% der Bevölkerung müssen sich jedoch mit nur 4% des Gesamtvermögens begnügen. Weltweit besitzen die ärmeren 50% der Menschheit nur ein Prozent des Geld- und Immobilienvermögens. Mehr als 50% des weltweiten Vermögens ist in der Hand von nur 2 Prozent der Weltbevölkerung. Schaut man sich die reichsten 10% der Weltbevölkerung an, so besitzen diese Menschen 85% (!) der gesamten Geld- und Immobilienwerte.

Doch welche Gründe gibt es für diese Verteilungsungerechtigkeit und das Auseinanderdriften zwischen armen und reichen Bevölkerungsschichten? Einer der Hauptgrün-

Der Krezgang der Kathedrale in Santiago

Angekommen!

de dafür ist die Konstruktion unseres Wirtschaftssystems, nämlich die Tatsache, dass Geldvermögen durch Zins- und Zinseszins exponentiell wachsen - in den letzen Jahrzehnten um durchschnittlich 7% pro Jahr.

In unserem System erfüllt Geld zwei sich widersprechende Zwecke: Auf der einen Seite dient es uns als Mittel, um Waren und Dienstleistungen auszutauschen, auf der anderen Seite ist es aber auch Wertaufbewahrungsmittel und lässt sich sparen. Damit gespartes Geld der Wirtschaft wieder zur Verfügung gestellt wird, kann der Vermögensbesitzer für die Herausgabe seines Geldes einen Preis verlangen: den Zins.

Viele Menschen glauben, daß man Zinsen nur dann zahlt, wenn man sich Geld bei einer Bank leiht. Doch dem ist nicht so. Schaut man sich den deutschen Bundeshaushalt an, so stellt man fest, dass fast 20% der Bundeseinnahmen für den Schuldendienst aufgebracht werden. Ein Fünftel der staatlichen Einnahmen aus Mehrwert-, Lohn-, Einkommensteuer etc. werden also dazu verwendet, Zinsen an Vermögensbesitzer auszuschütten. Wendet man ein, dass die Zinsen ja gar nicht über Steuereinnahmen, sondern über Neuverschuldung finanziert werden, kommen wir zu einer äußerst bemerkenswerten Tatsache: Von 1970 bis 2004 sind die Schulden Deutschlands um 1.366 Milliarden Euro angestiegen. Parallel musste der Staat in diesem Zeitraum Zinszahlungen in Höhe von 1.240 Milliarden leisten. Bis auf den Betrag von 126 Milliarden wurde also fast die gesamte Neukreditaufnahme dazu verwendet, eine vermögende Minderheit, die in der Lage war, dem Staat Geld zu leihen, noch reicher zu machen. Jeder bundesdeutsche Haushalt hat für diesen Geldtransfer von Arm zu Reich ca. 40.000 Euro bezahlt.

Ebenso werden natürlich auch Zins- oder Kapitalkosten, die Unternehmen durch die Aufnahme von Krediten entstehen, über die Produktpreise an die Käufer weitergegeben. Berechnungen zeigen, dass im Jahr 2000 durchschnittlich 30% Zinsen in jedem Preis steckten. Aus den geschilderten Sachverhalten ergibt sich, dass ca. 80% der deutschen Haushalte doppelt soviel Zinsen zahlen, wie sie über Spar- oder Anlagevermögen einnehmen. Erst ein sicher angelegter 500.000 Euro Gewinn bei Günter Jauch würde es dem Gewinner erlauben, von unserem Zinssystem zu profitieren.

In Gedanken versunken stehe ich hier in dieser wundervollen Kathedrale und bin mir sicher, dass irgendwann einmal die Menschen auf unser heutiges Geld- und Wirtschaftssystem genauso zurückschauen, wie wir heute auf die Zeit zurückblicken, als die Menschen dachten, die Welt sei eine Scheibe und der Mittelpunkt des Universums. Genauso sicher bin ich mir, dass schon bald schwere Zeiten über uns hereinbrechen werden. Der gesamte weltweite Finanzsektor wird große Probleme bekommen, denn durch die Kreditausweitung der letzten Jahre sind Schulden und Vermögen so enorm angestiegen, dass es für die Schuldner immer schwerer wird, ihre Kredite abzuzahlen und die Zinsen zu erarbeiten.

Nach offizieller Ansicht hat der Zins die Funktion der Geldumlaufsicherung. Er ist nach Ansicht der Ökonomen der berechtigte Preis für den Konsumverzicht des Geldbesitzers, denn Geld, das er verliehen hat, kann er nicht ausgeben. Wenn nämlich Geld zurückgehalten wird und nicht umläuft, bricht die Konjunktur zusammen. Der Zins als Umlaufsicherung ist aber genau so widersinnig wie eine Parkuhr, die Geld auszahlt dafür, dass man sein geparktes

Auto wieder wegfährt, statt Gebühren zu verlangen. Die „Geldparker" wollen mindestens fünf bis sechs Prozent Zinsen, damit sie ihr Geld wieder in den „fließenden Verkehr" geben. Ansonsten parken sie ihr Geld bis der Zins wieder „stimmt". Dies führt immer wieder zu Konjunkturkrisen mit Arbeitslosigkeit und Firmenzusammenbrüchen. Sinnvoll wäre es, eine „Parkgebühr" auf Geld einzuführen. Dadurch würde nicht mehr die gesamte Bevölkerung für die Zinsen aufkommen müssen sondern der Geldbesitzer, der sein Geld nicht in Umlauf bringt. Jeder Geldbesitzer hätte also ein Interesse daran, sein Geld regelmäßig wieder in Umlauf zu bringen - entweder durch Kaufen oder Verleihen. Dadurch würden ganz von allein auch die Zinsen gegen Null sinken. Die Not der leeren Kassen wäre somit bald vorbei.

Möchte man nachhaltig etwas ändern, so muß man bei der Grundursache der Probleme ansetzen, nämlich unserer Geld- und Wirtschaftsordnung. So forderte vor gar nicht langer Zeit die SPD Ostholstein auf ihrem Landesparteitag, „das Geld solle auf seine Funktion als Wertmaßstab und Wertspeicher beschränkt werden und nicht durch Zinsen wachsen." Das Bewusstsein für die bestehende Problematik unseres Geldsystems hält also langsam auch Einzug bei den etablierten Parteien. Will man wirklich etwas ändern, so sollte man weltweit Geldsysteme einführen, die Zinssätze um Null ermöglichen. Ein umlaufgesichertes Weltwährungssystem wurde bereits 1944 von dem berühmten Wirtschaftswissenschaftler John Maynard Keynes auf der Weltwährungskonferenz in Bretton Woods vorgeschlagen. Doch damals haben sich die USA mit ihrem Vorschlag durchgesetzt, den nicht umlaufgesicherten Dollar zur Leitwährung der Welt zu erklären. Ein System, das auf Dauer zum Scheitern verurteilt ist. Vielleicht werden wir schon bald den Zusammenbruch unseres Weltfinanzsystems erleben.

Aber ich will nicht zu viel über die Zukunft nachdenken. Man lebt schließlich im Jetzt, und jetzt bin ich gerade in dieser wunderschönen Stadt und möchte die letzten Stunden meiner Pilgerreise genussvoll erleben. Also verlasse ich das Museum und beschließe, noch einmal an der Pilgermesse teilzunehmen. Die Kathedrale ist auch heute überfüllt mit Menschen, und ich habe Schwierigkeiten, einen Sitzplatz zu ergattern. Hoch oben an der Decke der Kathedrale hängt ein großes Weihrauchfass, der berühmte *botafumeiro*. Zu hohen Feiertagen oder auf Bestellung wird er durch das Querschiff geschwenkt. Es handelt sich dabei um ein etwa 1,60 m großes Gefäß, das an einem etwa 30 m langen Seil von der Decke hängt, und nach dem Hochamt von sechs Männern in Bewegung gesetzt und bis hoch unter die Decke geschwungen wird. Neben den üblichen Funktionen des Weihrauchs diente es dazu, die Ausdünstungen der Pilger zu übertünchen, die nach Abschluss ihrer Wanderung auf dem Jakobsweg eine ganze Nacht wachend und betend in der Kathedrale verbrachten.

Ob sie das Fass auch heute schwenken werden? So gerne würde ich die berühmte Prozedur miterleben und wünsche mir eindringlich, dieses Ereignis zu sehen. Doch bis zum Ende der Messe, die etwa eine Stunde dauert, passiert nichts. Schade, dieses berühmte Spektakel hätte ich so gerne angeschaut. Mittlerweile ist es schon fast 19.00 Uhr und ich mache mich auf dem Weg zurück ins Hotel. Morgen früh um 8.00 Uhr muss ich am Bahnhof sein und es steht wieder eine lange Zugfahrt an, die hoffentlich nicht so beschwerlich wird wie die Hinreise.

Als ich den Fernseher anschalte, beginnt gerade die amüsante Sendung „Clever – die Show, die Wissen schafft" mit Wigald Boning. Das erste Experiment, das vorgeführt wird, lässt mich wie gebannt auf den Fernseher starren. Die Fragestellung zum Experiment lautet: Wie bekommt man den Weihrauchkessel aus der Kathedrale von Santiago mit den wenigsten Zügen auf die maximale Höhe? Und dann werden Bilder aus der Kathedrale gezeigt, in der ich noch vor einer Stunde gesessen habe. Auf dem Bildschirm sehe ich, wie Mönche das Seil, an dem der Weihrauchkessel hängt, kraftvoll ziehen, und der Kessel in kürzester Zeit über die Köpfe der Gemeinde saust. Unglaublich, mein Flehen in der Kirche wurde erhört. Mit ein bisschen Verspätung sehe ich jetzt das Prozedere des *botafumeiro*. Kann das wirklich Zufall sein?

Irgendwann schlafe ich ein.
Meine Pilgerreise ist zu Ende.

WIEDER DAHEIM!

Montag, 21. Mai 2007

Ist Gott auch in Schwierigkeiten?

Die Rückfahrt war genauso beschwerlich wie die Hinreise. Durch Verspätungen der französischen Züge bin ich auch noch fast vier Stunden später angekommen als geplant. Egal, macht nichts, die Freude ist groß wieder zu Hause zu sein. Am ersten Abend muss ich natürlich Bericht erstatten, wie es so war auf dem *camino*, und bis tief in die Nacht sitze ich mit meiner Frau zusammen und erzähle und erzähle und erzähle.....

Am zweiten Tag nach meiner Ankunft rufe ich meinen Fahrradhändler an, und die Herstellerfirma meines Mountainbikes zeigt sich sehr kulant, denn ich erhalte kostenlos einen neuen, aktuellen 2007er Rahmen, der im Werk in München montiert werden soll.

Am dritten Tag suche ich die örtliche Sparkassenfiliale auf, um eine neue EC-Karte zu beantragen. Als ich an einem Geldautomaten vorübergehe, meldet sich meine innere Stimme wieder: „Probier die Karte erst aus, bevor du zum Schalter gehst." Meine EC-Karte funktioniert

Café und Lepanto: herrlich!

„Zugstau" in Paris

einwandfrei. Die Dame am Schalter hat keine Erklärung dafür, dass sie an allen spanischen Geldautomaten abgewiesen wurde.

Am vierten Tag nach meiner Rückkehr, lese ich meiner kleinen Tochter vor dem Schlafengehen noch etwas aus einem Kinderbuch vor. Nachdem ich geendet habe, fragt sie mich: „Papa, wo ist Gott eigentlich?" Ich antworte ihr: „Jule, Gott ist überall, in dir, in mir, in Mama und deinen Geschwistern und auch in den Tieren." Die Kleine fragt weiter: „Papa, ist Gott auch in meinen Barbiepuppen und in Blumen und im Mond?"- „Ja, Jule, Gott ist überall und in allem, was es gibt." Und dann folgt eine höchst merkwürdige Frage dieses kleinen vierjährigen Mädchens:

„Papa, ist Gott auch in Schwierigkeiten?"

„Ja, mein Schatz, Gott ist auch in Schwierigkeiten und er hilft uns, alle Schwierigkeiten zu bewältigen, wenn wir an ihn glauben. Aber jetzt mach die Augen zu und schlaf schön. Gute Nacht, mein Schatz."

Die Doppeldeutigkeit dieser Frage wurde mir erst später bewusst und beschäftigt mich bis heute.

TIPPS FÜR DAS PILGERN MIT DEM FAHRRAD

Das Fahrrad

Benutzen Sie unbedingt ein Fahrrad, das auf ihre Körpergröße abgestimmt ist. Bei einem Neukauf ist die Beratung im Fachhandel unerlässlich. Für den Jakobsweg ist nur ein gutes Mountainbike geeignet. Mit einem Trekking- oder Rennrad ist der *camino* zu mindestens 60 Prozent nicht befahrbar. Sie müssen mit diesen Rädern oft auf die stark befahrenen Straßen abseits des *caminos* ausweichen, was sehr gefährlich sein kann. Im Übrigen geht das Gefühl für den Jakobsweg auf den Landstraßen schnell verloren, besonders wenn riesige Sattelschlepper in minimalem Abstand an Ihnen vorbeidonnern.

Am geeignetsten ist ein Hardtail, also ein nicht voll-gefedertes Mountainbike mit guten Scheibenbremsen, da an diesen Rädern die Möglichkeit besteht, einen tragfä-higen Gepäckträger mit Satteltaschen zu montieren. Ein gutes Hardtail ist ab 900,00 € im Fachhandel erhältlich. Für Wertsachen bietet sich ein kleiner Frontkoffer an, der am Lenker angebracht wird, und leicht ausgeklinkt und mitgenommen werden kann. Empfehlenswert sind Peda-len mit Klickfunktion. Ihr Gebrauch sollte vor der Reise unbedingt trainiert werden.

Wichtig ist, dass Sie Reparaturen an Kette, Speichen, Bremsen und Reifen selbst durchführen können. Es gibt zwar Fahr-radreparaturwerkstätten in den Städten und in manchen größeren Dörfern, doch sollten Sie immer daran denken, dass auch mitten in der Pampa ein Schaden auftreten kann. Dabei hoffe ich, dass Ihnen kein Rahmen-bruch passiert!

Fragen Sie Ihren Fachhändler nach den wichtigsten Reparaturhandgriffen. Folgende Werkzeuge sollten Sie unbedingt dabei haben:

- Luftpumpe
- Flickzeug, Ersatzschlauch und Reifenheber
- Fahrrad-Reparaturwerkzeug (empfehlenswert sind die Produkte der Firma Topeak mit Kettenniettool)
- Kettenöl
- 1 Putzlappen und vier Plastikhandschuhe (an Tankstellen oft kostenlos erhältlich)

Bitte beachten Sie, dass in Spanien Helmpflicht für Radfahrer besteht. Der Helm sollte gut sitzen und belüftet sein. Aussagefähige Tests finden Sie in verschiedenen Fahrradzeitschriften und im Internet.

Die Anreise

Mit dem Fahrrad

Für Menschen, die viel Zeit haben empfiehlt sich die Anreise mit dem Fahrrad über die europäischen Jakobswege bis nach St-Jean-Pied-de-Port.

Mit der Bahn

Eine Anreise mit dem Zug - wie ich sie unternommen habe - ist nicht empfehlenswert. Eine Zugfahrt ist sehr zeitaufwändig und das Umsteigen und Warten auf Anschlusszüge ist anstrengend. In Spanien dürfen Fahrräder nur in den Nahverkehrszügen transportiert werden, der Transport von Fahrrädern in Fernzügen ist verboten - es sei denn, man verpackt das Fahrrad in einem Koffer oder einer Tasche. Das Problem dabei ist, dass man das Gepäckstück während der gesamten Jakobstour mit sich führen muss. Im Übrigen ist eine Zugreise im Vergleich zu den Angeboten der Billig-Airlines sehr teuer. Meine Bahnkarte für die gesamte Strecke kostete 419,00 Euro.

Mit dem Auto

Eine Anreise mit dem Auto ist ebenfalls nicht empfehlenswert, da man nach Erreichen des Ziels wieder zum Ausgangspunkt zurückkehren muss, wobei es bei der Rückreise oben genannte Probleme mit den Bestimmungen der spanischen Bahn gibt. Es bleibt dann nur die Rückfahrt, mit dem Bus, was aber - ebenso wie eine Zugreise - mit viel Stress verbunden sein kann.

Außerdem geht man ein gewisses Risiko ein, wenn man sein Fahrzeug für längere Zeit an einem Ort abstellt. Ebenfalls sollte bedacht werden, dass eine Anreise mit dem Auto nicht billig ist: zu den Sprit- und Kilometerkosten addieren sich noch hohe Autobahngebühren in Frankreich.

Mit dem Flugzeug

Die Anreise mit dem Flugzeug ist am empfehlenswertesten. Mehrere Billig-Airlines unterhalten Verbindungen nach Santiago de Compostela und Bilbao, von wo aus man mit dem Fahrrad oder Bus nach St-Jean-Pied-de-Port weiterfahren kann. Das Fahrrad kann man in einem Einweg-Fahrradkarton verpackt am Check-In-Schalter als Gepäck aufgeben. Am Flughafen in Santiago de Compostela sind für den Rückflug Fahrradkartons für den Preis von circa fünf bis zehn Euro erhältlich. Die Flugpreise der Billigflieger differieren sehr stark. Bucht man frühzeitig, kann man sehr preiswerte Flüge ergattern - ein Radpilger erzählte mir, dass er für den Hinflug nur einen Euro und für den Rückflüg 69,00 Euro bezahlt habe.

Reisedokumente

Spanien gehört zur EU, weshalb die Mitführung von Reisepass oder Personalausweis genügt.

Medikamente

Folgende Arzneimittel sollten Sie mitführen:

- Wund- und Heilsalbe
- Ringelblütencreme - für den Popo
- 2 Stück Schmerztabletten
- 2 Stück Magen-/Darmtabletten
- Pflaster zum Zurechtschneiden
- 1 Verband
- Wundspray
- Sonnenmilch

Kleidung

- 2 Paar kurze Radlerhosen mit Gesäßpolsterung
- 2 Fahrradtrikots, kurzärmelig
- 1 wasserdichte Windjacke mit Kapuze
- 1 wasserdichte Fahrradhose
- 1 wärmendes, langärmeliges Radtrikot
- 1 Funktionsunterhemd
- 2 Unterhosen
- Badelatschen
- Radlerhandschuhe
- Füßlinge zum Schutz der Schuhe bei Regen
- gut sitzender Fahrradhelm
- Sport-Sonnenbrille
- Mountainbike-Schuhe, die auch für längere Schiebepassagen geeignet sind
- 1 T-Shirt für die Nacht
- leichter Schlafsack (für Pilger, die nicht gerne auf durch-geschwitzten Matrazen schlafen)

Bei kaltem Wetter empfiehlt sich das Zwiebelprinzip. Ziehen Sie Ihre Kleidung Schicht für Schicht an. Bei Wetteränderungen können Sie sofort reagieren, indem Sie Kleidung wieder ablegen oder weitere Kleidungsstücke anziehen.

Hygiene

- Zahnbürste, Zahnpasta
- Duschgel/Shampoo
- 1 Handtuch
- Rasierzeug, kleine Dose Rasierschaum
- Für Frauen: Damen-Hygieneartikel
- Oropax für die Nacht

Verzichten Sie aus Gewichtsgründen auf alles, was nicht unbedingt nötig ist, z.B. Haargel, Parfüm etc.

Unterkunft

Auf dem Jakobsweg können Pilger die sogenannten *refugios* nutzen. Die *credencial del peregrino* berechtigt den Pilger zur Aufnahme, allerdings werden Fußpilger grundsätzlich den Radpilgern vorgezogen. Trotzdem hatte ich nie größere Probleme, eine Unterkunft zu finden. Das Ausstattungsniveau ist vergleichbar mit dem von schlechten Jugendherbergen. Trotzdem ist diese Form der Unterkunft empfehlenswert, weil Sie hier den Jakobsweg richtig erleben und viele Kontakte zu anderen Pilgern knüpfen können. Mitunter geht es sehr lustig, aber auch stimmungsvoll in den *refugios* zu. Die Schlafsäle sind oft sehr groß und bieten bis zu 100 Pilgern Platz, aber es gibt auch sehr gepflegte Herbergen mit Sechser-Zimmern. Die Übernachtung in den *refugios* kostet meistens nicht mehr als fünf bis acht Euro.

Sollte man keinen Platz in den *refugios* finden, kann man auf Hotels und Pensionen ausweichen. Die Pensionen sind ebenfalls in der Regel sehr preisgünstig: meistens zahlt man zwölf bis fünfzehn Euro für eine Übernachtung.

Sprache

Natürlich ist es von Vorteil, wenn man Spanisch spricht, doch kann man sich auch mit Deutsch, Englisch und seinen Händen und Füßen behelfen. Englisch ist sehr von Vorteil, da viele Pilger aus fernen Ländern unterwegs sind, die meistens des Englischen mächtig sind.

Reiseführer

Es gibt spezielle Reiseführer für Radfahrer, die aber oft die Benutzung der Straße empfehlen. Sollten Sie den ursprünglichen *camino* mit einem Mountainbike fahren wollen, so empfiehlt sich ein guter Führer für Wanderer.

Das Mitführen einer Kamera versteht sich von selbst. Weiterhin empfehle ich ein Pilgertagebuch zu führen, in dem Sie Ihre Erlebnisse festhalten.

Persönliche Fitness

Es empfiehlt sich, rechtzeitig - abhängig von der persönlichen Fitness - für die Reise auf dem Jakobsweg zu trainieren. Für geübte Mountainbiker ist die Strecke leicht zu bewältigen, für untrainierte Fahrer kann sie teilweise sehr schwer sein. Doch denken Sie daran: Der heilige Jakobus wird Ihnen zur Seite stehen.

Ich wünsche Ihnen alles Gute, viel Freude und Erkenntnis für Ihren Jakobsweg.

Herstellung und Verlag:
Books on Demand GmbH
Norderstedt